JN232765

溝呂木 陽 ●by Mizorogi Akira

紙のスーパーカー
PAPER SUPER CARS

1974 Lamborghini Countach LP400
1977 Ferrari 512BB
1976 Porsche 934 Turbo
1972 Maserati Bora
1974 De Tomaso Pantera GTS
1976 Lancia Stratos
1976 Lamborghini Urraco P300
1970 Lamborghini Miura P400S
1981 Lotus Esprit Turbo
1983 Lancia Rally 037
1993 Lamborghini Diablo VT
1985 Ferrari Testarossa
1990 Alfa Romeo SZ (ES30)
1985 Ferrari 288GTO
1992 Bugatti EB110
1989 Ferrari F40
1995 McLaren F1
2000 Porsche 911 Turbo (996)
1999 Mercedes-Benz Vision SLR Roadster
1999 Ferrari 360 Modena
1973 Fiat X1/9
1997 Renault Sport Spider
1995 Lancia Delta HF Integrale Collezione
2000 Clio Renault Sport V6

二玄社

CONTENTS

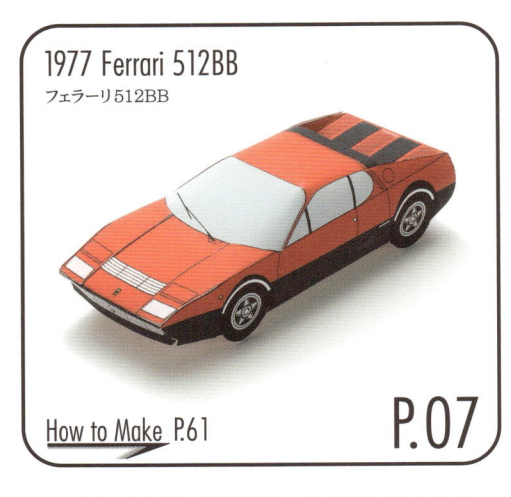

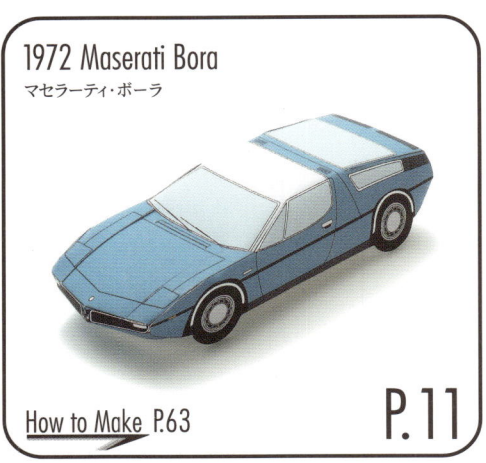

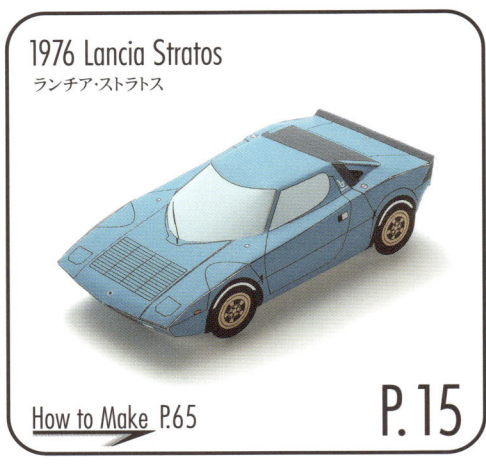

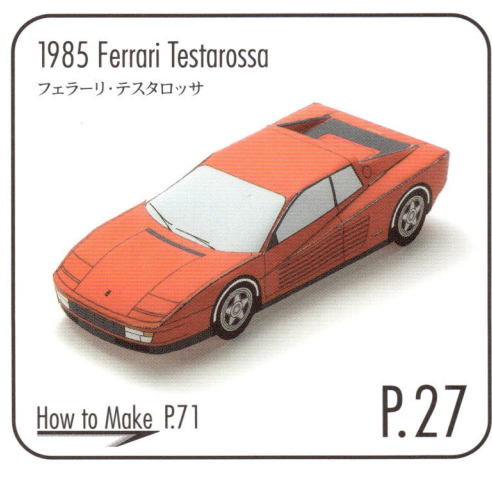

1974 Lamborghini Countach LP400 ランボルギーニ・カウンタックLP400 How to Make P.60 — **P.05**	**1977 Ferrari 512BB** フェラーリ512BB How to Make P.61 — **P.07**	**1976 Porsche 934 Turbo** ポルシェ934ターボ How to Make P.62 — **P.09**
1972 Maserati Bora マセラーティ・ボーラ How to Make P.63 — **P.11**	**1974 De Tomaso Pantera GTS** デ・トマゾ・パンテーラGTS How to Make P.64 — **P.13**	**1976 Lancia Stratos** ランチア・ストラトス How to Make P.65 — **P.15**
1976 Lamborghini Urraco P300 ランボルギーニ・ウラッコP300 How to Make P.66 — **P.17**	**1970 Lamborghini Miura P400S** ランボルギーニ・ミウラP400S How to Make P.67 — **P.19**	**1981 Lotus Esprit Turbo** ロータス・エスプリ・ターボ How to Make P.68 — **P.21**
1983 Lancia Rally 037 ランチア・ラリー037 How to Make P.69 — **P.23**	**1993 Lamborghini Diablo VT** ランボルギーニ・ディアブロVT How to Make P.70 — **P.25**	**1985 Ferrari Testarossa** フェラーリ・テスタロッサ How to Make P.71 — **P.27**

P.53 What's SUPER CARS スーパーカーの豆知識   P.59 How to Make

1990 Alfa Romeo SZ (ES30)
アルファ・ロメオSZ (ES30)
How to Make P.72 — P.29

1985 Ferrari 288GTO
フェラーリ288GTO
How to Make P.73 — P.31

1992 Bugatti EB110
ブガッティEB110
How to Make P.74 — P.33

1989 Ferrari F40
フェラーリF40
How to Make P.75 — P.35

1995 McLaren F1
マクラーレンF1
How to Make P.76 — P.37

2000 Porsche 911 Turbo (996)
ポルシェ911ターボ (996)
How to Make P.77 — P.39

1999 Mercedes-Benz Vision SLR Roadster
メルセデス・ベンツ・ビジョンSLRロードスター
How to Make P.78 — P.41

1999 Ferrari 360 Modena
フェラーリ360モデナ
How to Make P.79 — P.43

1973 Fiat X1/9
フィアットX1/9
How to Make P.80 — P.45

1997 Renault Sport Spider
ルノースポール・スパイダー
How to Make P.81 — P.47

1995 Lancia Delta HF Integrale Collezione
ランチア・デルタHFインテグラーレ・コレッツィオーネ
How to Make P.82 — P.49

2000 Clio Renault Sport V6
クリオ・ルノースポールV6
How to Make P.83 — P.51

まえがき

　子供のころ、ノートはカウンタックやBB、ポルシェ・ターボなどがびっしりと描き込まれ、もともとクルマ好きだったボクは、プラモデル、消しゴム、カードなどを集め始めました。自転車に乗って、ロータス・ヨーロッパや911などを探しに行き、近所のシトロエンSMまでがスーパーカーに見えたものです。外国のクルマがはじめて頭の中に入ってきたのが、スーパーカーたちでした。

　それから、長い年月が過ぎましたが、いまみても当時のスーパーカーたちは決して色あせることはありません。それぞれのフォルムを味わいながら、デザイナーや技術者、メーカーの意地の張り合いに思いをはせてみるのも楽しいものです。あわせて、スタイリングの変遷なども味わっていただければと思います。　　（溝呂木 陽）

作図／散文詩＝溝呂木 陽　解説＝武田 隆　完成写真撮影＝河野隆行　レイアウト＝藤原正義

How to Make **P.60**   **1974 Lamborghini Countach LP400**

ランボルギーニ・カウンタック LP400

キリトリ線

Lamborghini Countach LP400

⑤

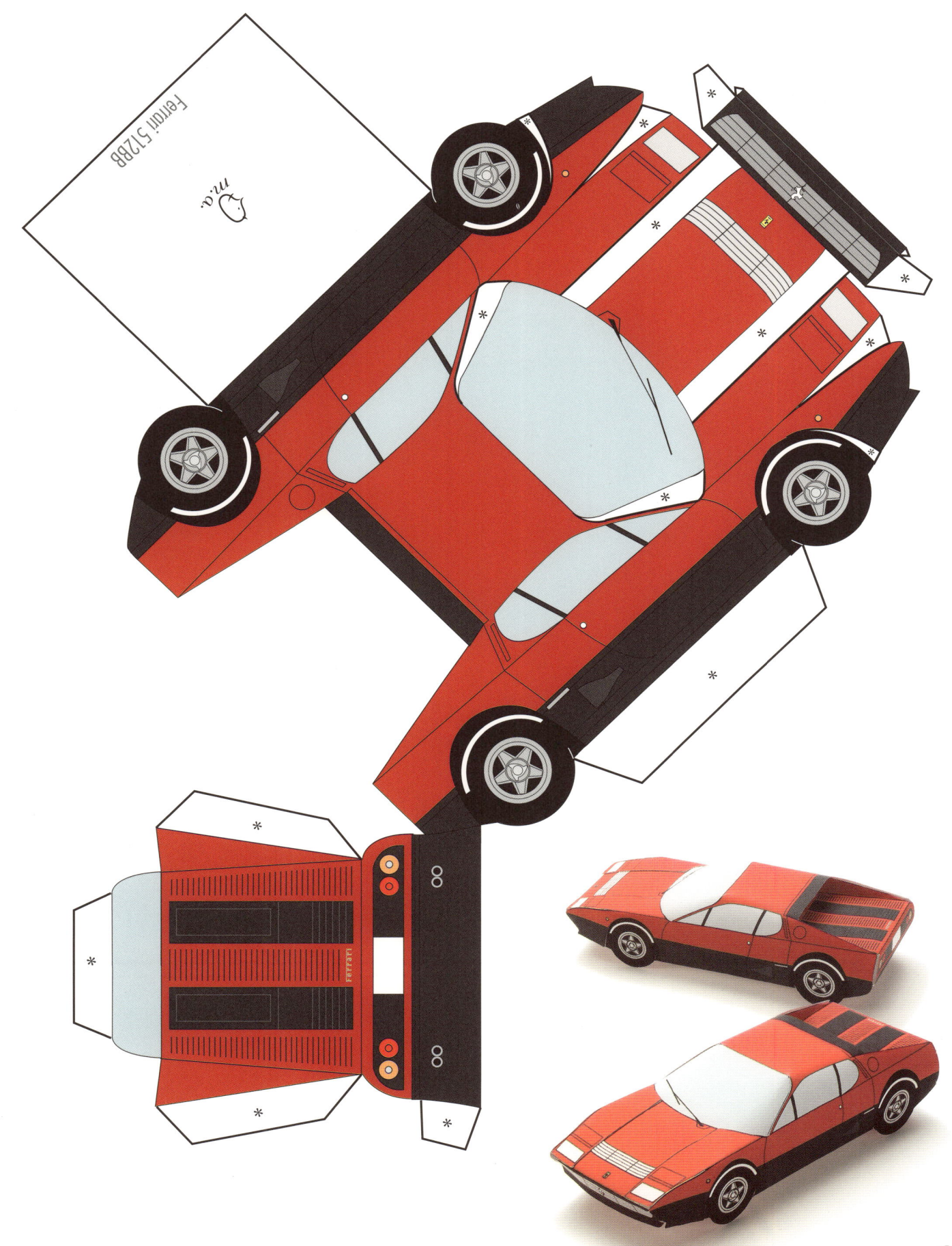

How to Make ▶ P.61　　　1977 Ferrari 512BB
フェラーリ512BB

キリトリ線

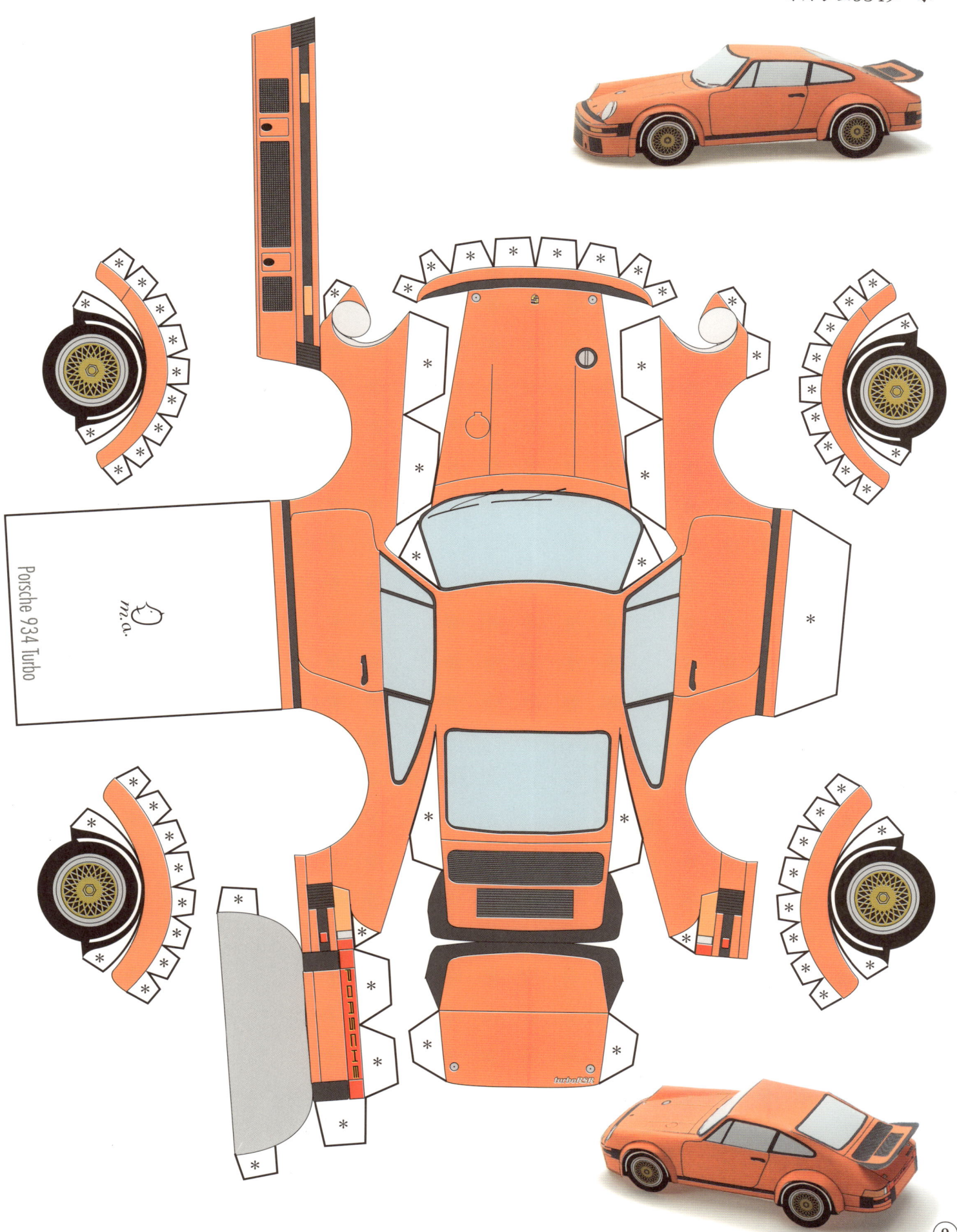

How to Make **P.62**　　　　　　　　　　　　　　**1976 Porsche 934 Turbo**

ポルシェ934ターボ

キリトリ線

⑨

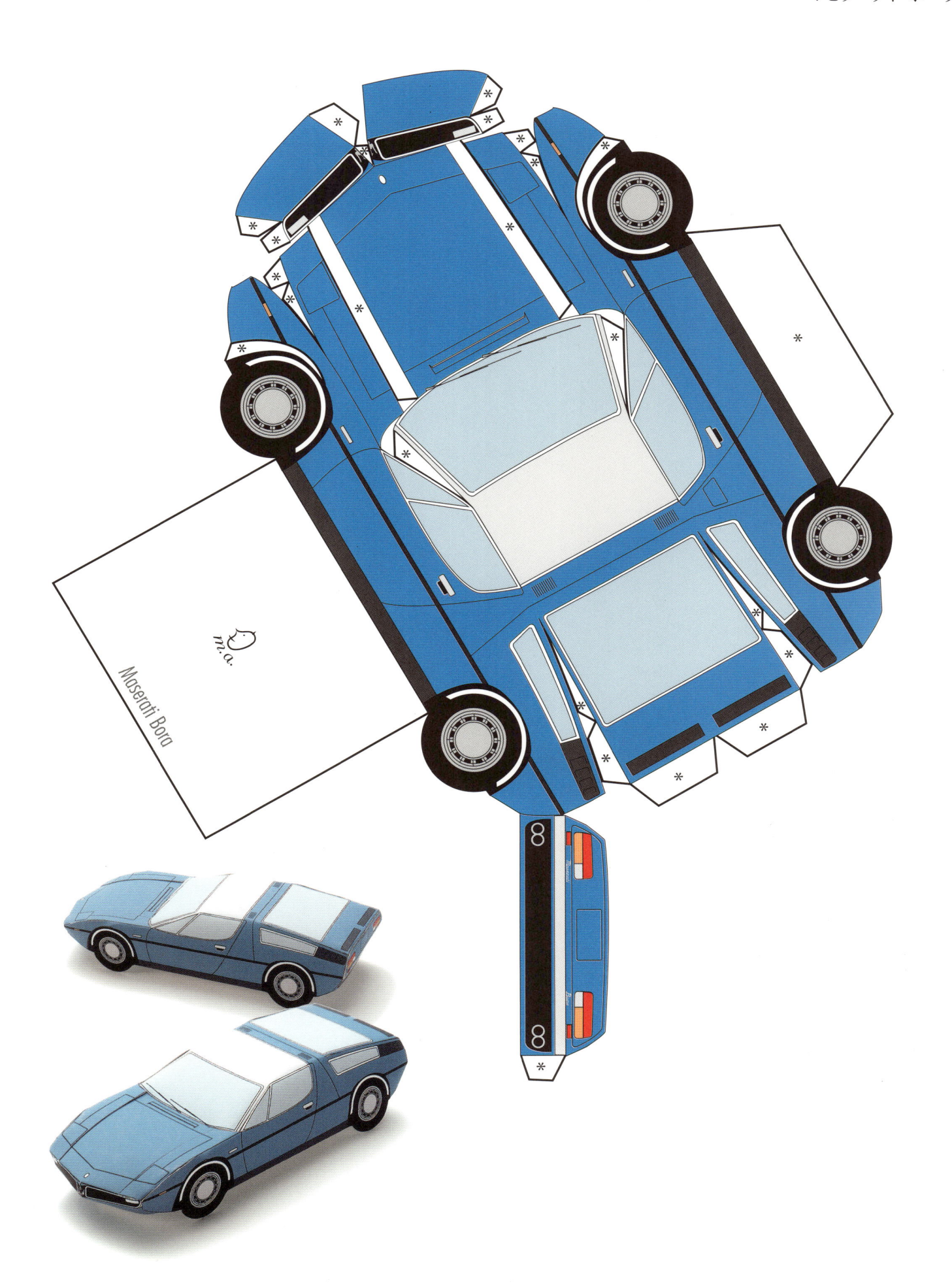

How to Make P.63 — 1972 Maserati Bora
マセラーティ・ボーラ

キリトリ線

⑪

How to Make P.64   1974 De Tomaso Pantera GTS
デ・トマゾ・パンテーラGTS

キリトリ線

De Tomaso Pantera GTS

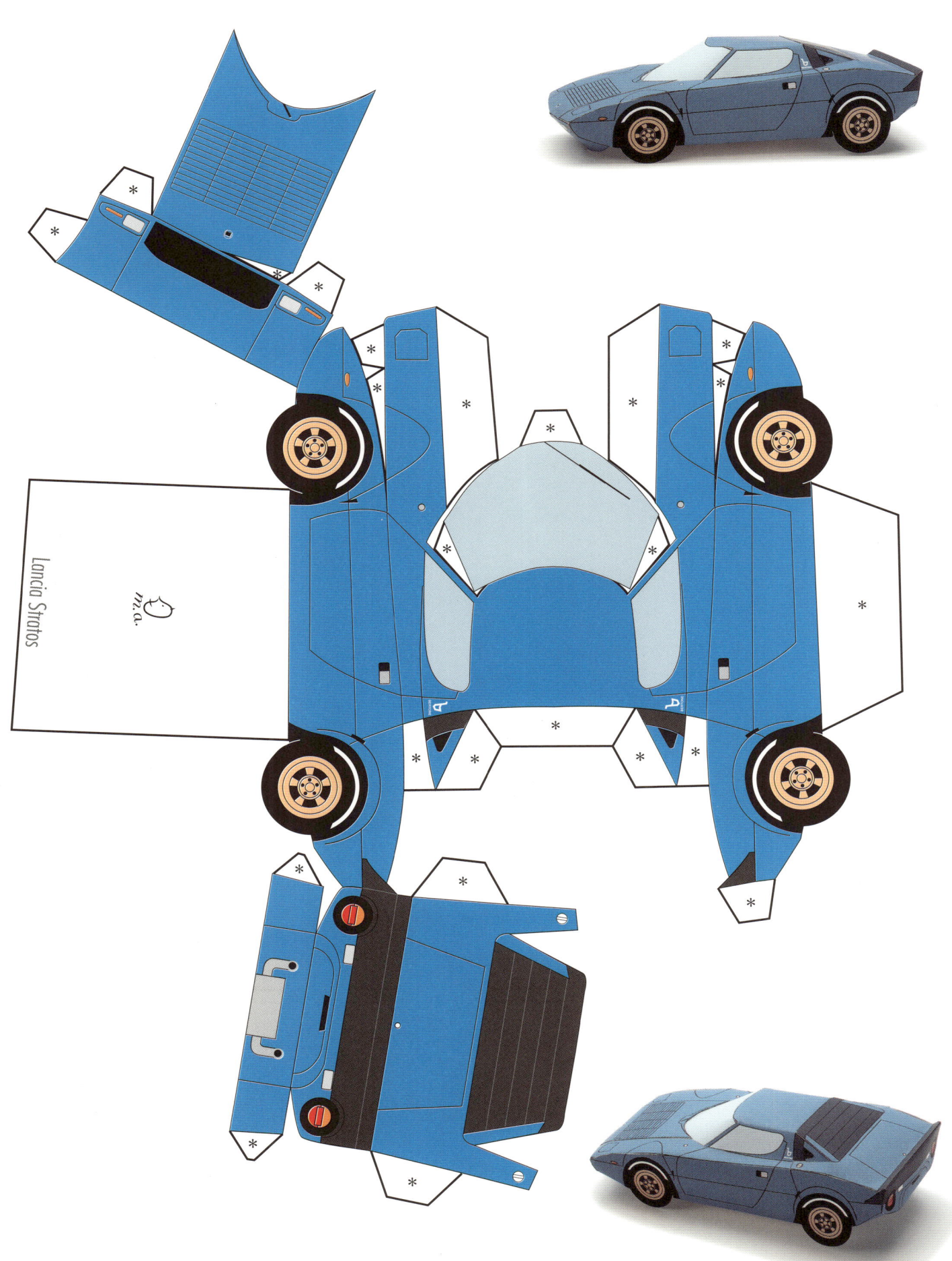

How to Make P.65　　　　　　　　　　　　　　　　　　　　**1976 Lancia Stratos**
ランチア・ストラトス

Lancia Stratos
m.a.

キリトリ線

How to Make **P.66** 1976 Lamborghini Urraco P300
ランボルギーニ・ウラッコP300

キリトリ線

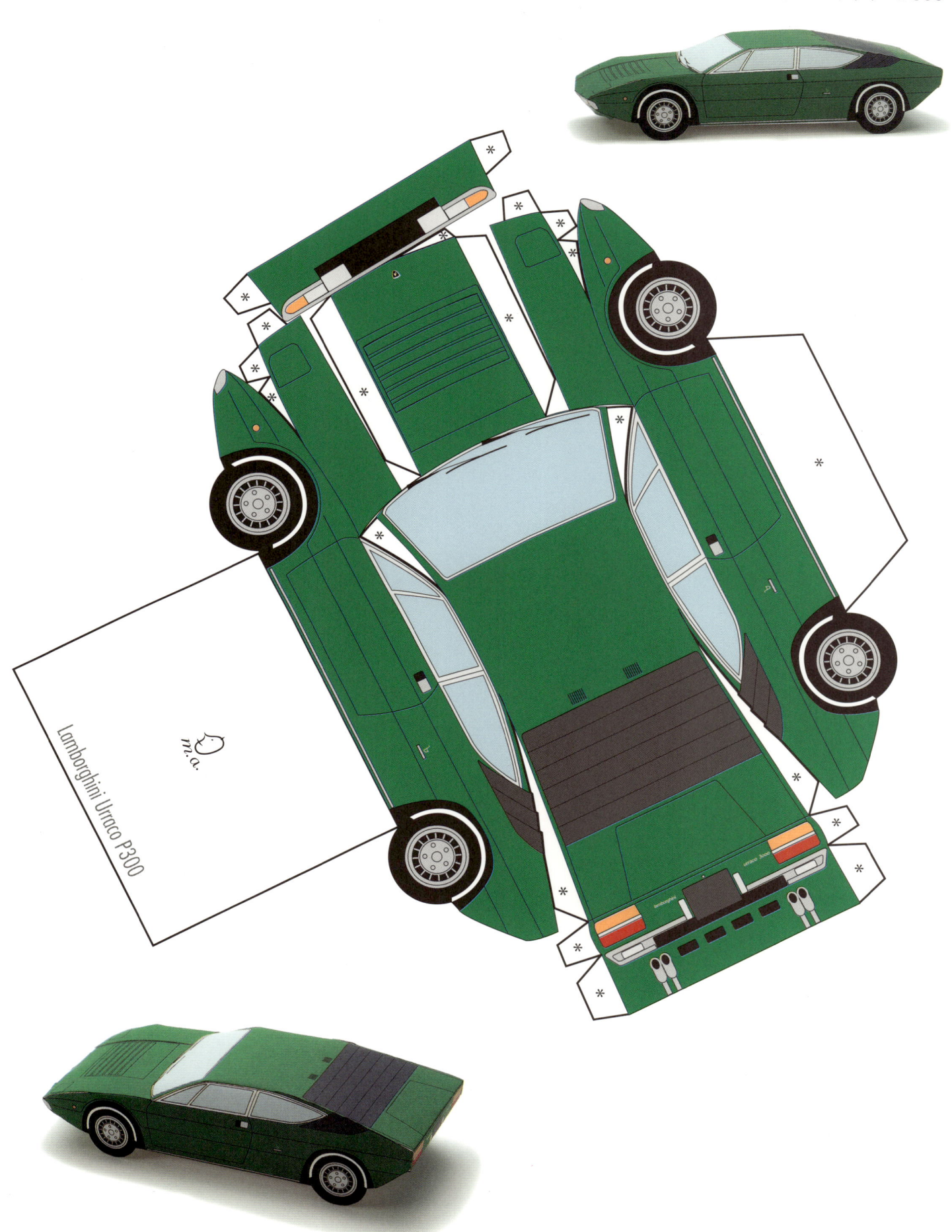

How to Make **P.67**　　　　　　　　**1970 Lamborghini Miura P400S**

ランボルギーニ・ミウラ P400S

キリトリ線

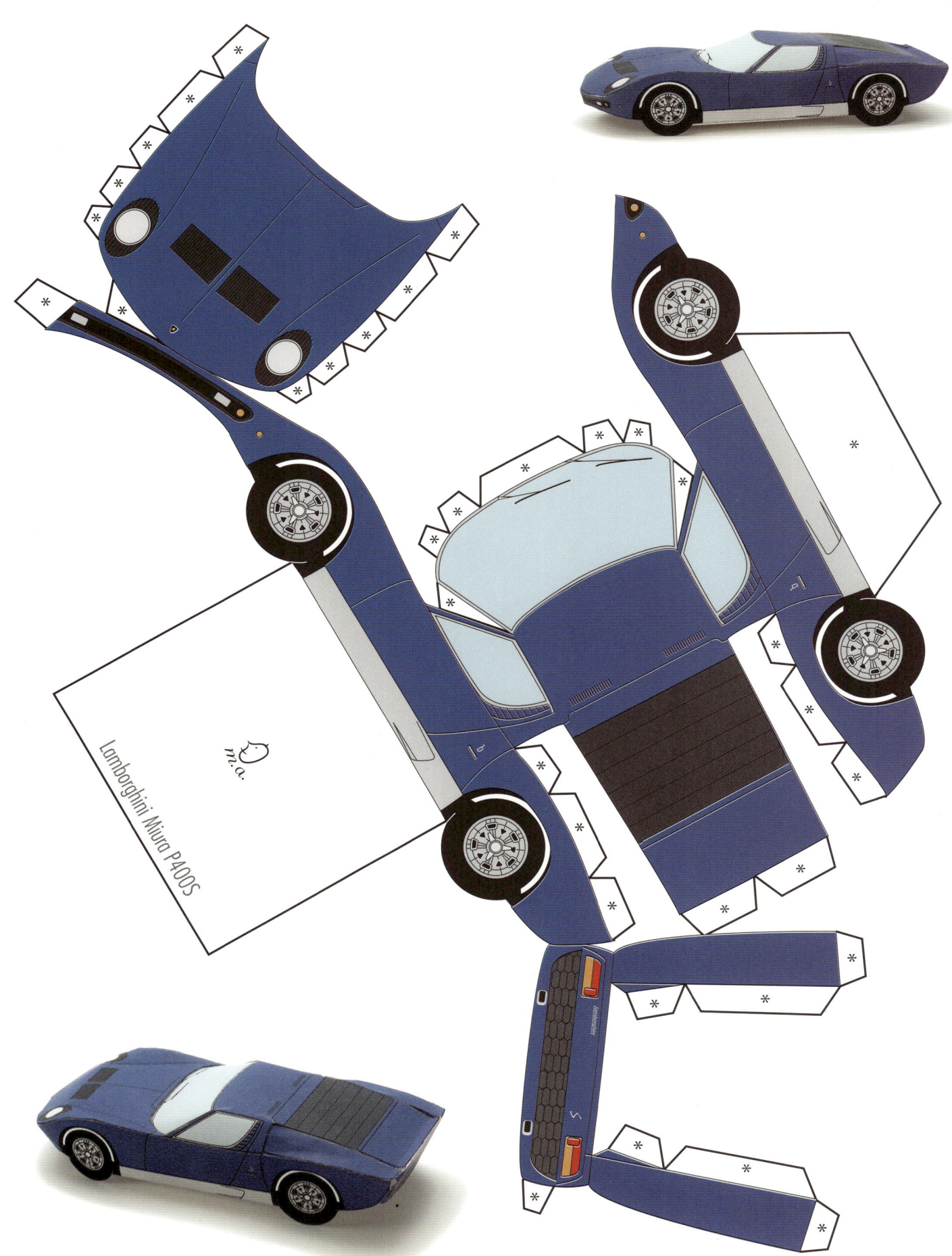

Lamborghini Miura P400S

m.a.

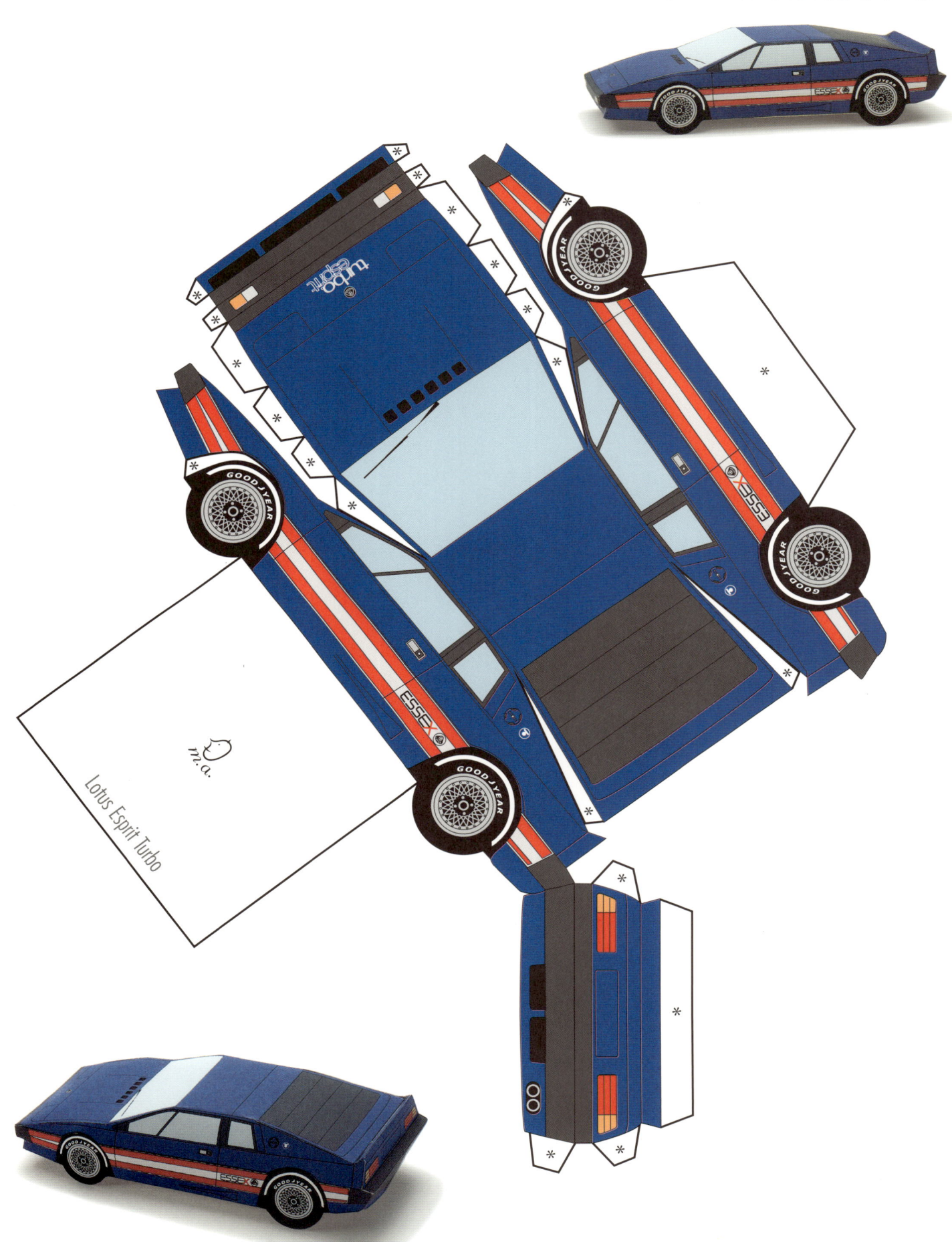

How to Make P.68　　　　　　　　　　　　　　　　　　**1981 Lotus Esprit Turbo**
ロータス・エスプリ・ターボ

How to Make P.69   1983 Lancia Rally 037

ランチア・ラリー037

キリトリ線

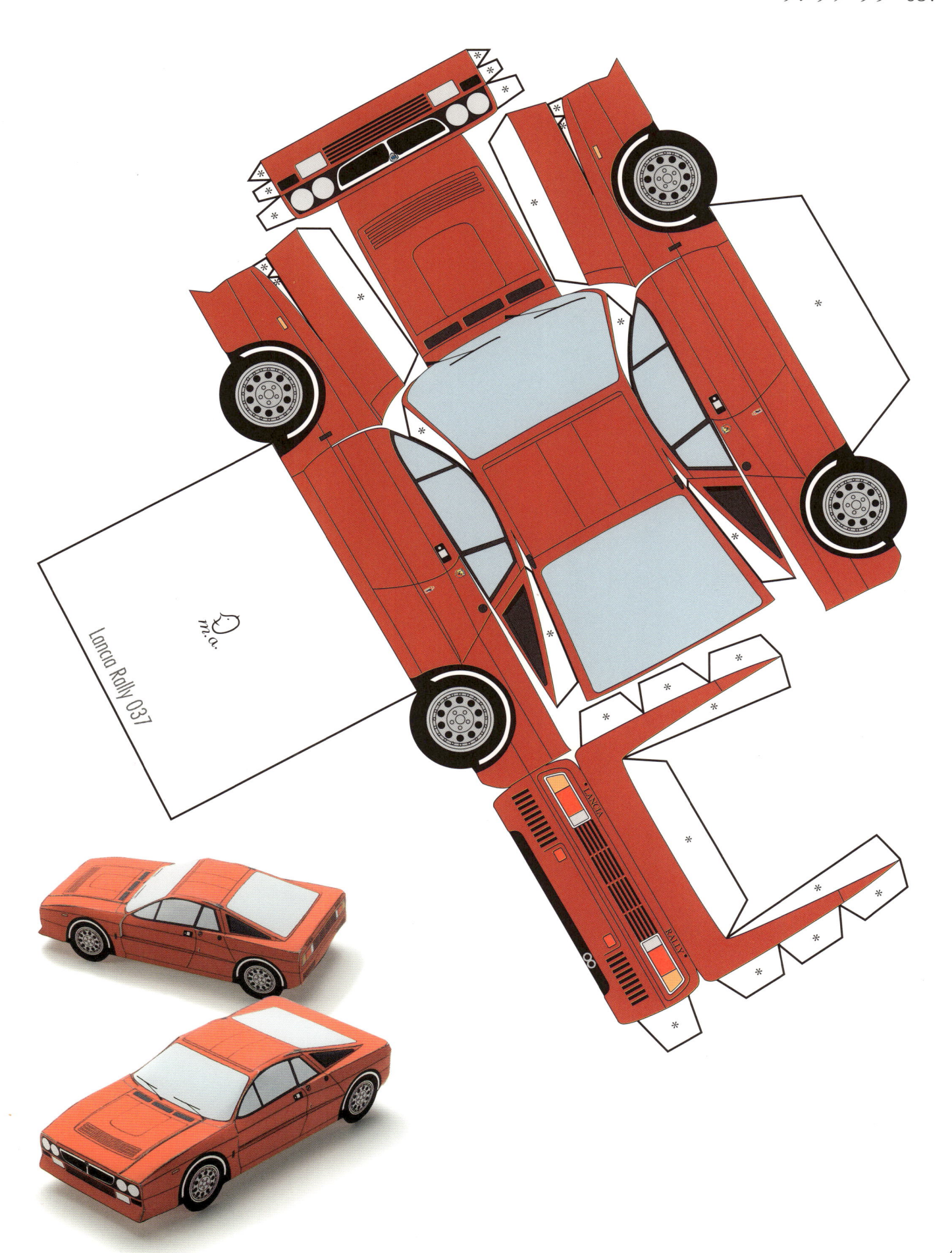

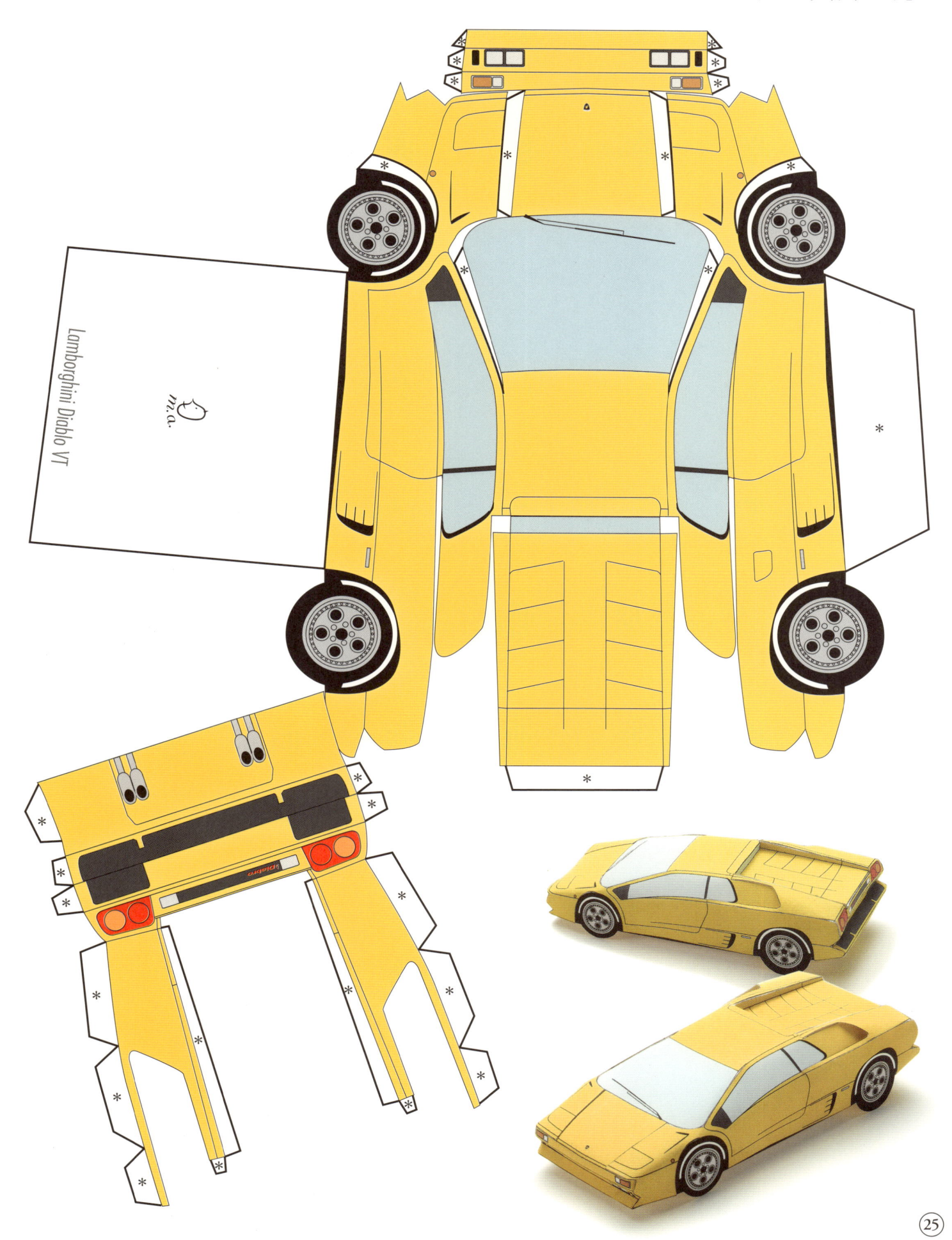

How to Make **P.70**　　　　　　　　　　**1993 Lamborghini Diablo VT**
ランボルギーニ・ディアブロVT

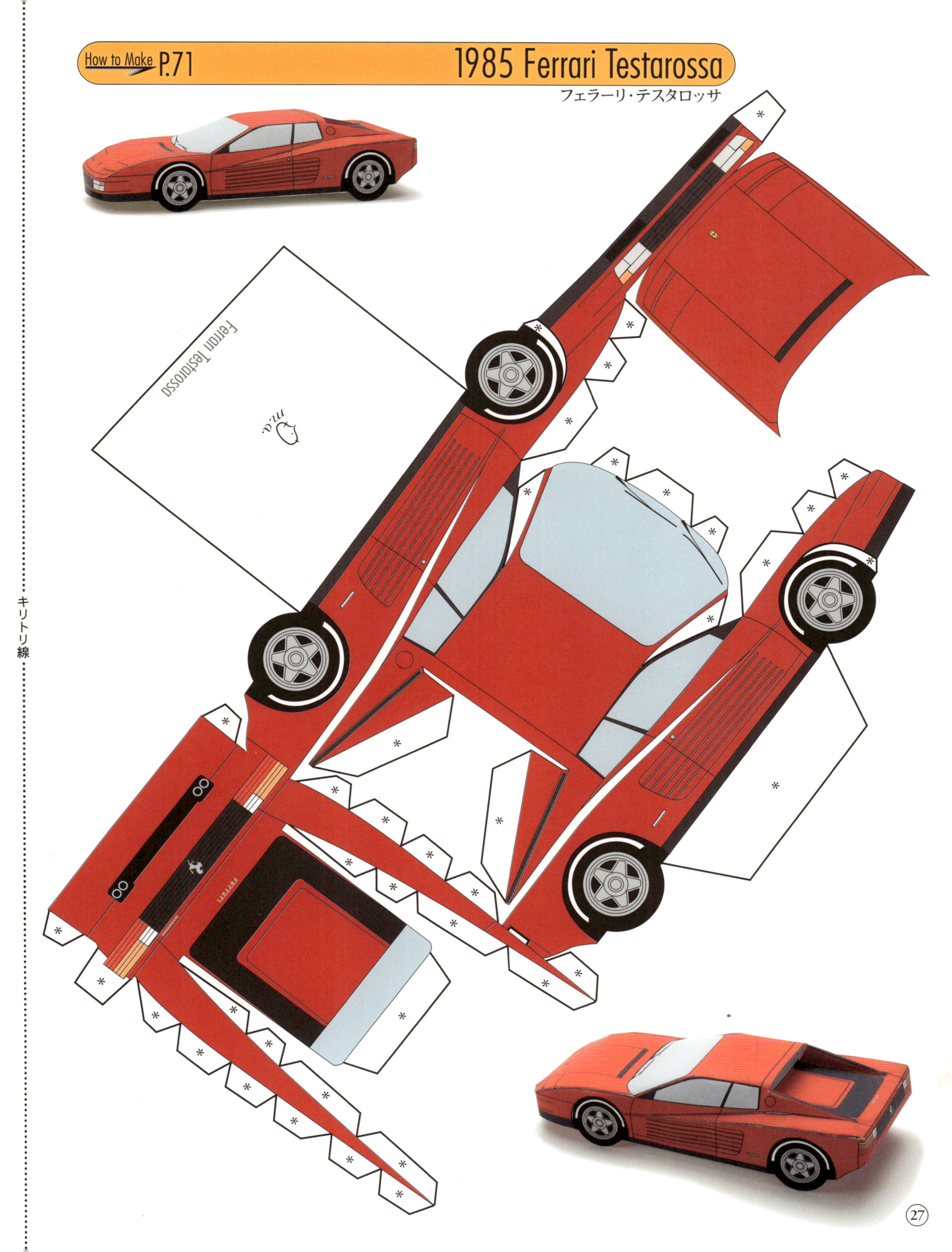

How to Make P.71 | **1985 Ferrari Testarossa**
フェラーリ・テスタロッサ

How to Make P.72　　　1990 Alfa Romeo SZ (ES30)
アルファ・ロメオ SZ (ES30)

How to Make P.73　　　　　1985 Ferrari 288GTO
フェラーリ288GTO

Ferrari 288GTO
m.a.

キリトリ線

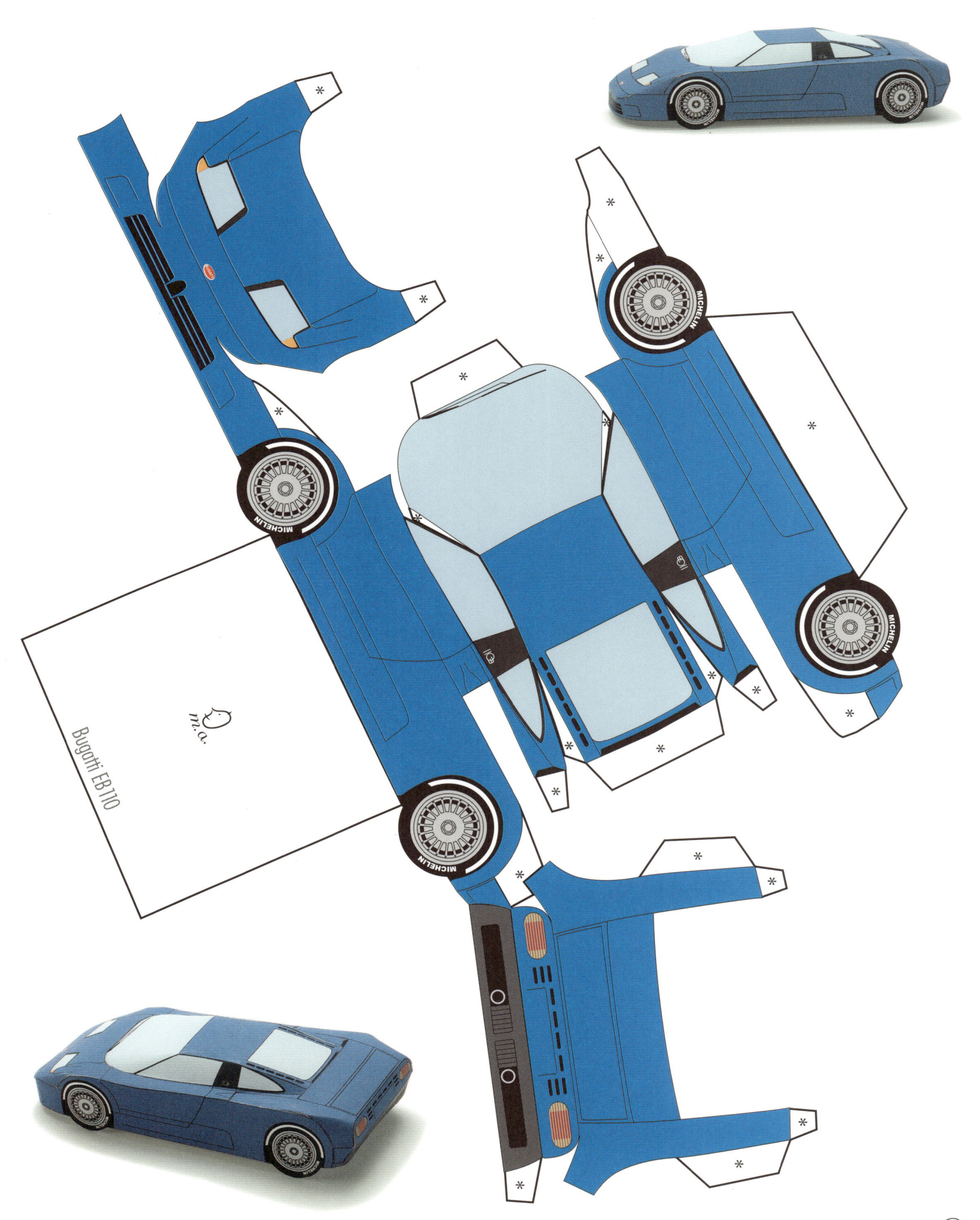

How to Make ➤ P.74

1992 Bugatti EB110
ブガッティ EB110

How to Make P.75   **1989 Ferrari F40**
フェラーリ F40

キリトリ線

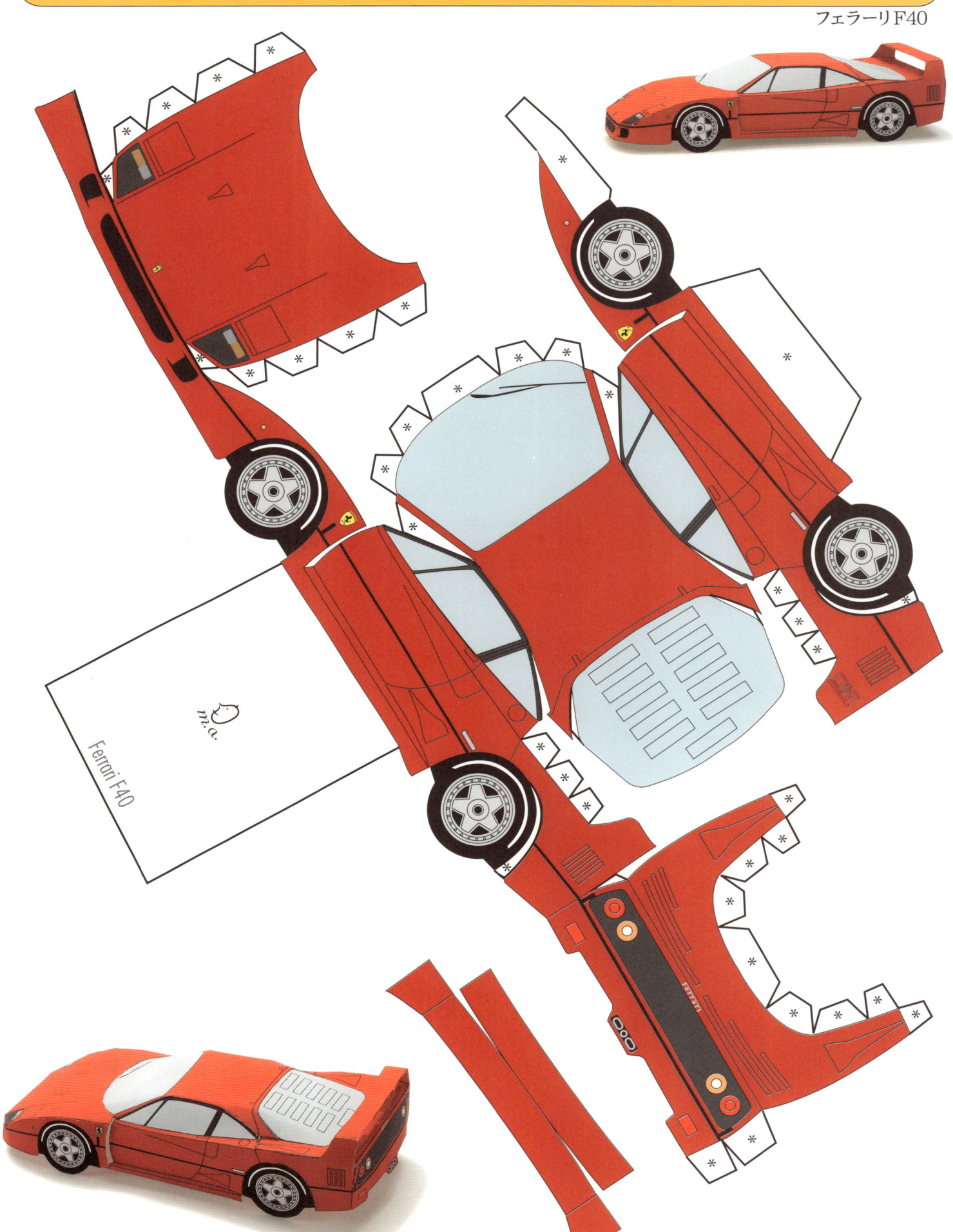

Ferrari F40

㉟

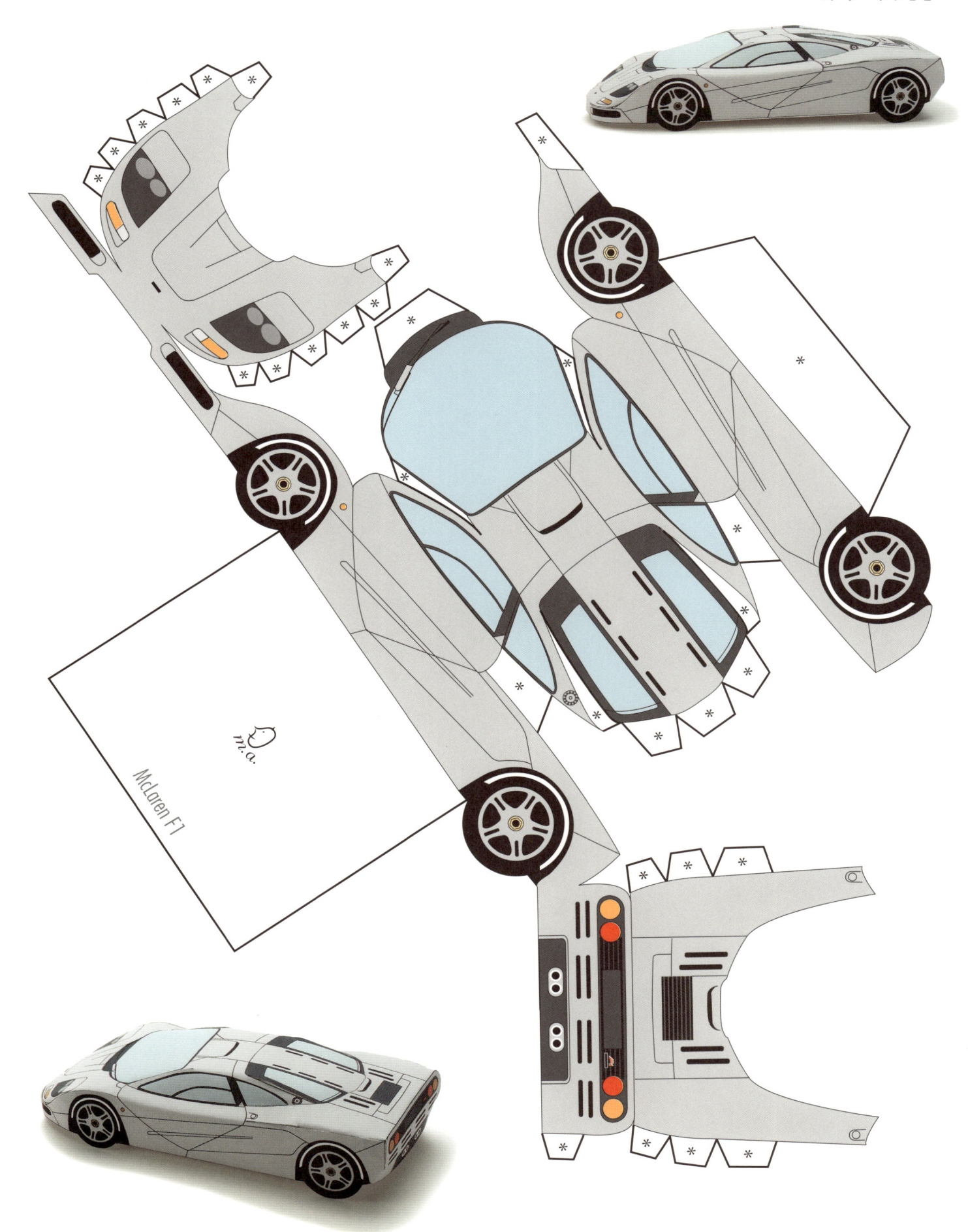

How to Make P.76　　　　　　　　　　　　　　　　　1995 McLaren F1
マクラーレンF1

McLaren F1

キリトリ線

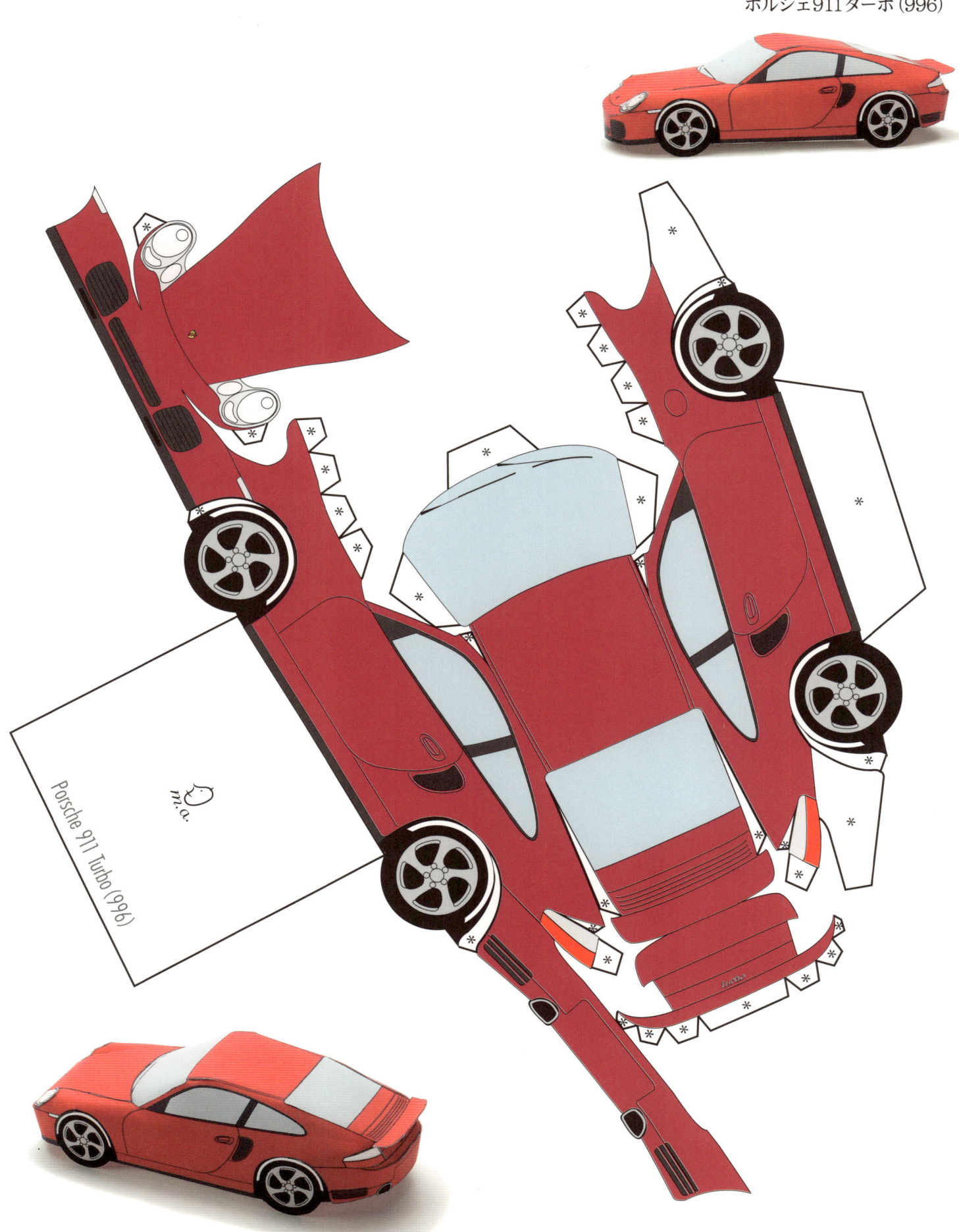

How to Make **P.77**　　　　　　　　　　　　　　**2000 Porsche 911 Turbo (996)**
ポルシェ911ターボ (996)

キリトリ線

Porsche 911 Turbo (996)

m.a.

How to Make P.78 **1999 Mercedes-Benz Vision SLR Roadster**

メルセデス・ベンツ・ビジョンSLRロードスター

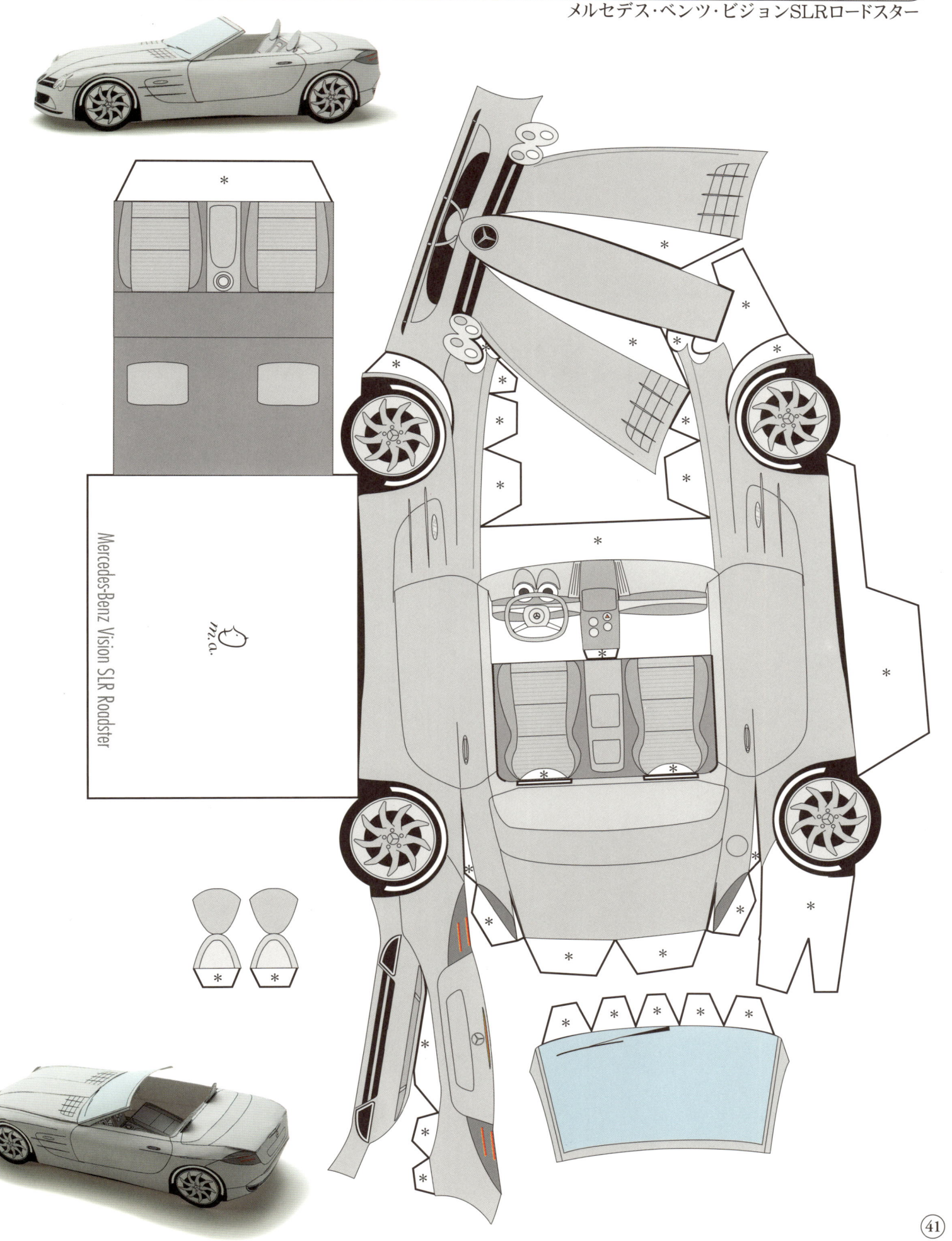

Mercedes-Benz Vision SLR Roadster

m.a.

キリトリ線

㊶

How to Make P.79　　　1999 Ferrari 360 Modena
フェラーリ360モデナ

Ferrari 360 Modena

キリトリ線

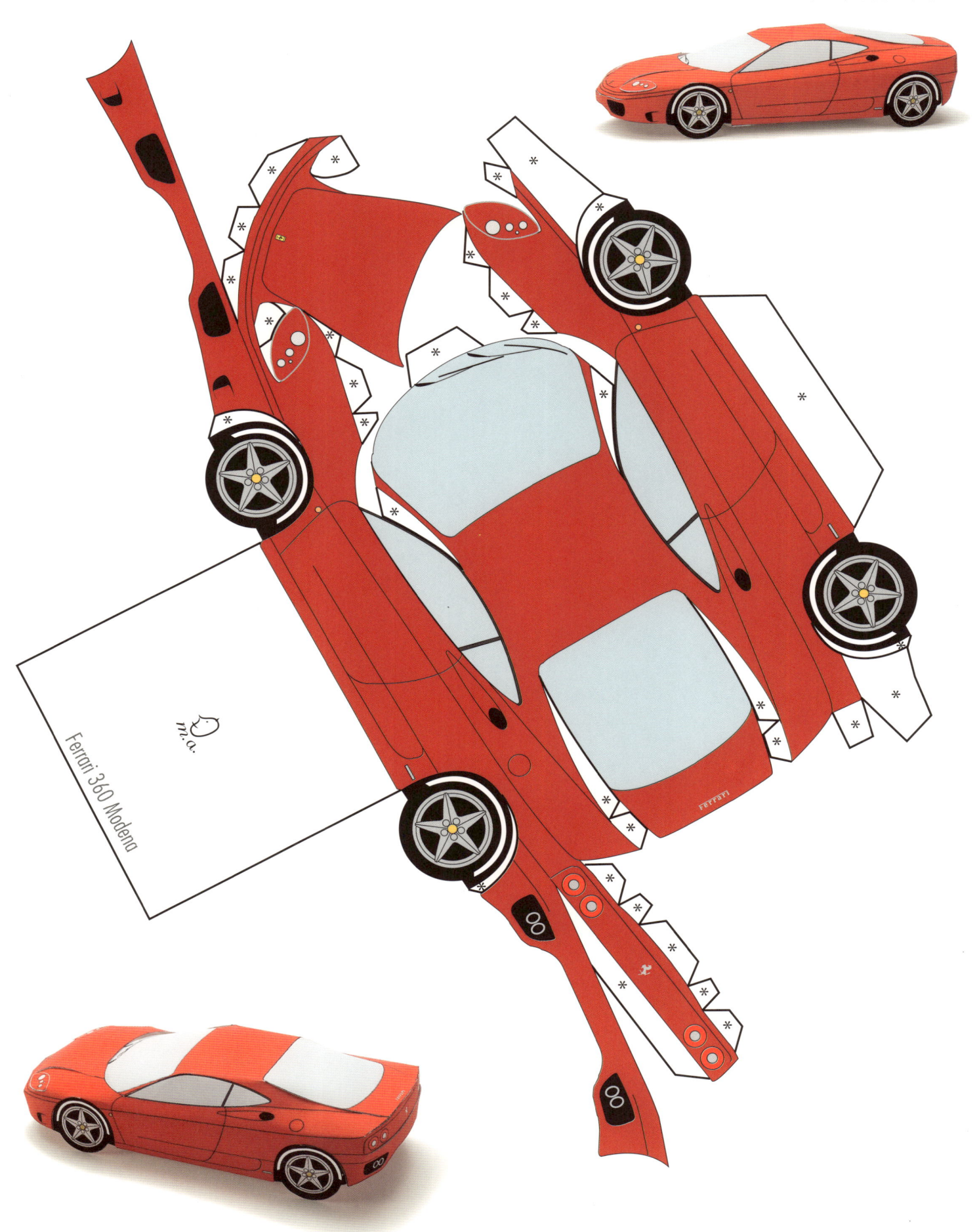

How to Make **P.80**　　　　　　　　　　　　　　　　**1973 Fiat X1/9**

フィアットX1/9

キリトリ線

How to Make **P.81**　　　**1997 Renault Sport Spider**
ルノースポール・スパイダー

キリトリ線

(47)

How to Make ▶ P.82　　　　**1995 Lancia Delta HF Integrale Collezione**

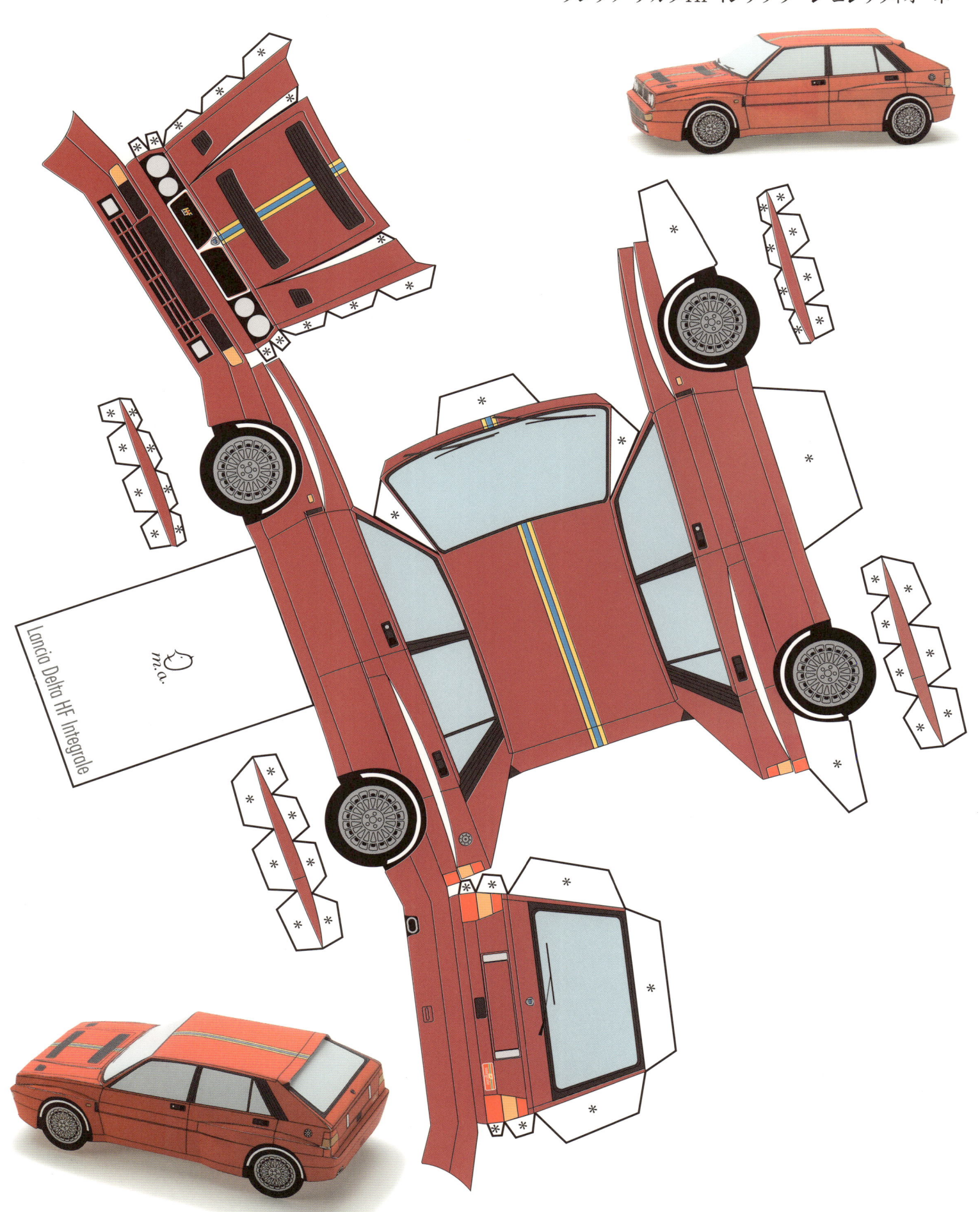

ランチア・デルタHFインテグラーレ・コレッツィオーネ

キリトリ線

Lancia Delta HF Integrale

m.a.

(49)

How to Make **P.83**　　　　　**2000 Clio Renault Sport V6**

クリオ・ルノースポールV6

Clio Renault Sport V6

キリトリ線

⑤

What's SUPER CARS
スーパーカーの豆知識

1970 ピニンファリーナ・フェラーリ512Sベルリネッタ・スペチアーレ。レーシングカーをベースとした前衛的習作。

スーパーカーは若かった

スーパーカーは1966年ジュネーヴ・ショーで発表されたランボルギーニ・ミウラから始まったというのが、定説となっている。その頃イタリア自動車界は、巨人フィアット・グループがたて続けにニューモデルを市場に投入、新しい前輪駆動車の分野で世界をリードし、活気に富んでいた。そんな中、レースで勝ちまくる新しいイタリアの星、フェラーリが作る超高性能車の市場は成長をとげつつあった。また実業界で若くして成功を納めたランボルギーニの自動車ビジネスへの挑戦は始まったばかりだった。そしてなにより、スーパーカーを設計、デザインしたのは、まだ20代の下積みといえるような、若い才能たちだった。

1971 カウンタックLP500プロトタイプ。ベルトーネの広報写真にはエキゾチックな世界が演出されていた。

1970 ベルトーネ・ストラトス。ベルトーネが製作したプロトタイプはまるで走るUFOだった。

スーパーカーはニューウェイブだった

スーパーカーは新しかった。ランボルギーニ・ミウラは当時のレーシングカーそのままの形をした衝撃的なクルマだった。それは最新のトレンド、ミドシップを採用していた。理想的重量配分云々の理論はともかく、その最新のモードに人々は魅惑された。他にも前衛的なデ・トマゾ・マングスタや、全く新しいラインを持ったフェラーリ・デイトナも登場した。そして70年代に入り、フェラーリBBとカウンタックによってスーパーカーは頂点に達する。それまでのスポーティーカーが全く古く見える、新しいスタイルが百花繚乱した。スーパーカーはニューウェイブだった。

スーパーカーは妖しかった

リトラクタブル式ヘッドライトやはね上げ式に開くドア、地表すれすれを這うように走る極端に低いボディ。スーパーカーは妖しい魅力を放っていた。そしてカウンタックは300km/h、BBは302km/hの最高速度を誇示した。けれども実際そんなスピードは出なかった。カウンタックの空力はひどく、ヒール・アンド・トウもまともにできないペダル配置だった。BBはミドシップでも、はなからコーナリング性能よりカッコウ重視の設計だった。スーパーカーは怪しい存在だった。

1970 ピニンファリーナ512Sモデューロ。宇宙船的なスタイルは自動車デザインの域を超えていた。現代の目で見ても未来的だ。

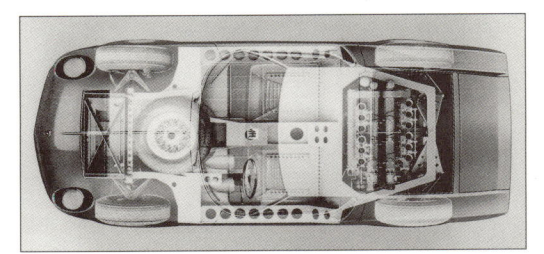

1966 ランボルギーニ・ミウラ。ミウラのファッションとそのメカニズムに人々は魅了された。

スーパーカーは進化した

スーパーカーという言葉は60年代、空飛ぶ自動車を主役にしたテレビ人形劇で初めて使われたという。スーパーカーはもちろん空を飛ばない。しょせん道路の上しか走れないスーパーカーは、ロケットや飛行機よりも単純な設計物である。けれども、時には悪くいわれながらもスーパーカーは着実に進化をとげた。かつてのブームで日本中の小学生が夢見たスーパーカーは、今や誰も試すことができないほどのスピードを出せる実力を身につけた。サーキットでも街中でも、その走りは洗練され、現実に人々に受け入れられるほど進化したのだ。そこに道路がある限り、スーパーカーは今日も高速道路を疾走し、目抜き通りを悠々と走り続けるのである。

フェラーリとランボルギーニの勝負の結末 ——BBとカウンタックの対決を復習する

エンゾ・フェラーリ

フェルッチオがエンゾに怒った理由

　フェルッチオ・ランボルギーニが申し出たことを、エンゾ・フェラーリに無視されたのを怒って、対抗するロードカーを作ったという逸話は、実話そのものだった。フェルッチオは、多くの高性能GTを乗り継ぐエンスージアストで、中でも彼にとってフェラーリは最高だった。けれども元々機械工でトラクター製造業から身を起こした彼は、そのフェラーリの改善されない欠点が許しがたかった。フェルッチオが実際に指摘したのは、弱いクラッチについてだった。彼は何度も修理のためにマラネロを訪ねていたが、その度に待たされ、エンゾにひとこと言おうと面会を申し込んでも、やはり待たされるばかりだった。そしてようやく会えた機会にこう言った。「あなたのクルマなんかゴミだ」。エンゾは「君はトラクターでもころがしてればいい、フェラーリなんか運転できないだろう」ととりあわなかった。
　怒ったフェルッチオは即座に、自らのトラクター工場でフェラーリ250GTを改造し、テスト中のフェラーリを待ち伏せ、ぶち抜いて驚かせた。ランボ

66年デビューのランボルギーニ400GT 2+2。フェルッチオは初めから完璧に近いGTを作りあげた。

ギーニはただの車好きではなく、トラクターメーカーの他にエアコンやヒーターなどの製造でも成功した、イタリアでも有数の実業家だった。勲章をもらった人を表すイル・コメンダトーレとは普通エンゾ・フェラーリのことをさすが、実はフェルッチオ・ランボルギーニもコメンダトーレだった。すぐにスポーツカーメーカーを興せる十分な財力と、優れた経営能力を備えたフェルッチオは、元フェラーリの優秀なスタッフを引き抜いて、63年に第1号試作車350 GTVをデビューさせる。その時、フェルッチオは47歳、エンゾは65歳であった。

予定外に作られたカウンタック

　フェルッチオはただフェラーリの鼻を明かそうとしてミウラや、カウンタックを作ったのではなかった。彼が本当に作りたかったのは、完璧なグランドツーリングカー、後ろに+2のシートを持って実用に使える、気取らない高性能GTだった。フェルッチオにとって、たしかにフェラーリを打ち負かすことは重要だったが、それと同じくらい完璧なGTに対する思いは純粋なものがあった。フェルッチオが一番気に入っていたのは今では誰も形を思い出せな

カウンタックLP500。プロトタイプのスタイリングは、気持ち良いほど、シンプルでいさぎよかった。

ランボルギーニ・ハラマS。フェルッチオが最も気に入っていたのは2+2のハラマだった。

いような地味なハラマだったという。
　ランボルギーニは進歩的だった。フェラーリに無いDOHC・V12を搭載し、4輪ダブルウィッシュボーンを備え、静かで洗練されてしかも速かった。ところが新興メーカーのクルマはおいそれとは買われない。そこで話題を集めるために、たまたま若いエンジニアが作ったミッドシップのミウラを売ることにした。カウンタックも同じように、反響を呼んだプロトタイプをほぼそのまま市販化したものだった。だからこそカウンタックは割り切ってスーパーカーとしてストレートに設計されていた。ランボルギーニは甚大な資金を必要とするレースをしない方針を立てていた。そしてその代りに宣伝となる役をカウンタックが負うことになった。インパクトは強ければ強い方が良い。カウンタックは完璧なGTではなかったが、スーパーカーとして完璧だった。もちろんその品質は他のランボルギーニ同様、高かった。フェルッチオの迅速な行動力と、何をも恐れない決断力が生んだカウンタックは、断然クールなスーパーカーだった。

なかなか作られなかったBB

　一方、フェラーリにはレースしかなかった。戦前はアルファ・ロメオのワークスチームで活動をし、1947年にフェラーリ第1号車を完成させるが、そもそもロードカーはレースのための資金稼ぎに売ったものだった。始めの頃のロードカーは、本当にレースで使った中古車もあったという。エンゾはだから憧れからロードカーを買う人を軽蔑さえしていた。63年にフォードからの買収話を断ったのも、レース部門を自分が100%コントロールできない契約に納得がいかなかったからで、ロードカー部門は、はなから売り飛ばすつもりでさえいたという。
　ロードカーはプライドをかけて作るものではなかった。ランボルギーニがミッドシップのミウラを出しても、悔しがるまわりのデザイナーやエンジニアの

フェラーリ512BBi。BBはフェラーリの最高モデルにふさわしい美しさを備えていた。

スーパーカーの豆知識

フェラーリ512BB。完璧なプロポーションのベルリネッタ・ボクサーを真横から見る。フロントオーバーハングが極端に長かった。

その後のBB対カウンタック

302km/h対300km/hの最高速争いに象徴されるように、BBとカウンタックの戦いは、甲乙つけがたいものだった。BBは365から512へと進化し、比較的長寿ではあったが、しょせんフェラーリの1モデルに過ぎなかった。基本レイアウトを保ちながら、全く趣向の違うテスタロッサにモデルチェンジし、512TR、F512Mへと発展するが、96年、後継の550マラネロはついに実用性の無いミドシップを捨ててフロントエンジンに回帰してしまう。スーパースポーツの役はF50など限定モデルに譲って、時を経てBBの子孫は大人になったのだった。

ところがカウンタックは泳ぐのをやめると死ぬ鮫のようにフェラーリと戦い続ける。カウンタックはランボルギーニそのもののイメージを担うようになり、2+2の他モデルが生産されなくなった後、それこそ身ひとつでランボルギーニを支えることになる。後継のディアブロも、全くキープコンセプトで作られた。カウンタック、ディアブロはフェラーリがモデルチェンジする度に、それを凌ぐ高性能バージョンを出してきた。最新のディアブロGTはパワーの上では、F50をも凌いでいる。しかも最近ではワンメイクレースさえも行っている。

フェルッチオ・ランボルギーニ

フェラーリの勝ち？

フェルッチオもエンゾも今は亡く、名前だけが残った。ブランドの価値というようなことからいうと、まずランボルギーニはフェラーリにかなわなかった。イタリア産業界の帝王、フィアットの庇護のもと、フェラーリはイタリア公認となり、そのおかげで21世紀もF1の頂点に君臨している。今ではイタリア人だけでなく、自動車界きっての神的存在だ。ランボルギーニもその後、F1に進出したが、フェラーリの敵ではなかった。ランボルギーニのブランドは、スイス人実業家、フランス企業、クライスラー、イ

提言に対し、エンゾはランボルギーニなどはフェラーリの分家筋だという考えで、「馬は昔から前につけて曳くものだ」と、とりあわなかったという。既に70歳を越えていたエンゾにはとてもそんな不恰好なものは認められなかったのかもしれない。そんなこともあって、71年にやっと世に出た365BBは、ミドシップとしては明らかにノーズが長かった。多少重量バランスが悪くなるのを承知で、エンジンをデフ、ギアボックスの上に重ねて長さを詰めて運転席を後に下げることで、そのかわり完璧に美しいスタイリングを実現していた。おまけにエンジンは、最新のフェラーリレーサーと同じ、水平対向だった。こいつは売れる。孤高のフェラーリの名を持つロードカーのトップモデルにふさわしい。利那的な12気筒ユニットと無上に美しいボディ。BBに乗れたら死んでもいいと人々は言った。

ディアブロSVとそのレースバージョンのSVR。ディアブロはワンメイクレースさえ行っている。

550マラネロ。フェラーリのトップモデルは、ミドシップを捨てて実用的なフロントエンジンに回帰した。

フェラーリF1のボディサイドには、フィアットのロゴが大きく書かれている。83年シーズンを戦った126C3。

ンドネシア財閥と転々と持ち主が変り、今ではポルシェの子孫、フェルディナント・ピエヒが率いるドイツのVWアウディ・グループが所有する。ポルシェと言えば、フェラーリの最大のライバルである。やはりランボルギーニは、永遠にフェラーリに対抗すべき星の下に生まれたのかもしれない。

フェルッチオはカウンタックを生産する頃には、本業のトラクターの不振もあってあっさり会社を譲渡してしまった。一方、エンゾは愛息ディーノの死後、ますますレースの世界にのめり込んだ。「近づきがたい象牙の塔の中に閉じこもった」と言われた晩年のエンゾとは正反対に、フェルッチオは社交的で気さくな人柄で、晩年はワインづくりに生きがいを見出して、人生を謳歌したと言われる。結局のところ、BBもカウンタックも、2人にとっては、ほんのささいなことでしかなかったのだ。

ランボルギーニ・カウンタックLP400。カウンタックはどんな伝統や権威にもしばられなかった。

スーパーカーはカッコウが命 ——あのスタイルは誰が生み出したものか？

全ては3人が創造した

当時のスーパーカーは、実はほとんど全て、1938年生まれの3人のデザイナーが線をひいたものだった。ジョルジェット・ジウジアーロ、レオナルド・フィオラバンティ、そしてマルチェロ・ガンディーニ。今では世界を代表する3人の巨匠は、当時は驚くことに全くかけ出しの若手だった。フィオラバンティはピニンファリーナに、あとの2人はベルトーネに期待される人材として迎えられ、早くからチーフスタイリストとして才能を発揮した。中でも最も早熟なのは、17歳からフィアットで働いていたジウジアーロだった。60年にベルトーネに移籍し、20代前半にして数多くの重要な作品を手がけた。そしてギアに移籍後の66年、前衛的なデ・トマゾ・マングスタを誕生させる。ガンディーニは27歳の時、ジウジアーロの後任として65年末にベルトーネに入社。ほとんどろくに経験がない状態で、親方ヌッチオ・ベルトーネに手取り足とり教わりながら、翌年、ランボルギーニ・ミウラのデザインを完成させてしまう。ピニンファリーナにいたフィオラバンティは、68年、30歳にして今や歴史的古典と扱われるフェラーリ・デイトナを完成させた。3人ともまさに「驚異の新人」であった。

デ・トマゾ・マングスタ（1966年デビュー）

マセラーティ・ギブリ（1966年デビュー）

BMW M1（1978年デビュー）

DMCデローリアン（1981年デビュー）

ジウジアーロ——ジェントルにして革新的

トリノ芸大で学び画家志望だったジウジアーロは早くにイタルデザインを創始し、特に乗用車全般で多くの重要なデザインを行い、自動車史上に名の残る巨人となった。アルファ・ロメオ・ジュリアGT、VWゴルフIなど数々の量産車の歴史的作品で、彼は機能を重視し、理知的でバランスのとれた作風を見せたが、やはり後に世界の自動車デザイン界全体をリードするスーパースターの若き日、その手腕は多くのスーパーカーにも及んだ。イソ・グリフォや、マセラーティのギブリ、ボーラなどはまだバランスが勝っているが、デ・トマゾ・マングスタでは人々の度肝を抜き、初代ロータス・エスプリは前衛の大御所、あのコーリン・チャプマンがその形にしびれたといわれる。BMW M1や映画「バック・トゥ・ザ・フューチャー」で未来を旅したデローリアンも彼の作品だった。

ガンディーニ——スーパーデザイナー

ガンディーニなしにスーパーカーは語れない。新しい分野に進出を図っていたベルトーネの切り札の金の卵として迎えられ、実際、彼は新しい仕事を天衣無縫に行った。79年に独立し、ルノーやシトロエンなど、シックな小型実用車も手がけたが、「デザインは機能を超えるべきである」と説く彼の才能が遺憾なく発揮されるのは、やはりスーパーカーだ。ベルトーネに入社直後、ミウラを完成させ、71年のカウンタックでまさにガンディーニは爆発する。手がけたスーパーカーは多岐にわたり、ディアブロまで含め、ほとんどのランボルギーニを産み出した。さらに「敵陣営」のフェラーリ・ディーノGT4にもその手は及び、マセラーティのカムジンまでこなした。彼のキャリアが侮れないのは、空想の許されないコンペティションカーにも及んでいるところで、もちろんランチア・ストラトスはその代表だ。

マセラーティ・カムジン（1973年デビュー）

フェラーリ・ディーノ208GT4（1975年デビュー）

チゼータV16T（1989年デビュー）

ランボルギーニ・ディアブロVT（1993年デビュー）

フェラーリ365GTB/4デイトナ（1968年デビュー）

フェラーリ308GTB（1975年デビュー）

フェラーリ400iオートマチック（1979年デビュー）

フィオラバンティ
——ピニンファリーナの美を創造した

レオナルド・フィオラバンティの作品は、その名のイメージに違わず、まるでダヴィンチやミケランジェロの芸術作品のような風格があった。大学で自動車構造学を学ぶと、64年に鳴り物入りでピニンファリーナに入社。ある時工房に持ち込まれたフェラーリのシャシーを見て、いてもたってもいられなくなり、フェラーリ担当でなかったのに社長ピニンファリーナを口説いて、デイトナを生み出す。若い天才アーティストは、ライバル、ミウラの出現で一挙に古くなったピニンファリーナ＝フェラーリにルネッサンスをもたらした。さらに続けて、ミドシップ・エンジンに乗り気でないエンゾをなんとか説得してBBをプロトタイプから仕上げて行く。当時新しかった風洞の導入を熱心に推進するなどして、87年までピニンファリーナに在籍。エンゾの寵愛も受け、365GT4 2+2、308GTBなど当時を代表するフェラーリのほとんどを手がけた。288GTOも彼の作だった。

スーパーカーの超本人

レースへの憧れがスーパーカーを産んだ

ジャンパオロ・ダラーラこそ、スーパーカーを誕生させた超本人だった。この1936年生まれの設計者は最初、22歳の時にエンツォ・フェラーリに見初められ、フェラーリで働き始める。しかしなかなかマシンづくりができないので、早々にマセラーティに移籍してレーシングカー造りにたずさわる。そしてランボルギーニに引き抜かれ、GTカー造りに専念するが、どうしてもレースをやりたくて、凝りに凝って横置きV12ミドシップのシャシーを作りあげてしまう。当然そんなクルマは、ランボルギーニの計画には無かったが、それが宣伝に使えるということでショーに展示し、ベルトーネはそのシャシーに惚れ込んで、ボディ製作を願い出た。ここにスーパーカー、ミウラが誕生するわけだ。ダラーラはレースをやらないランボルギーニをじきにやめ、F1計画を持ったデ・トマゾに移籍してパンテーラを完成させた。その後、独立して、ランチア・ストラトス、037ラリーなどの製作に関与し、BMW M1も設計した。ダラーラは下積み時代にスーパーカーと共に成長した。今では世界のF3のほとんどを製作、ミナルディやホンダの試作車など、F1まで手がけている。スーパーカーはまさに、レースへの憧れから産まれた物だった。

グループBマシン288GTOの進化版、288GTOエボルツィオーネ。さらにこれを先行プロトタイプとして、ロードカーF40は生まれた。

ミドシップの真実

V12ミドシップの難しさ

可能な限り低くするスーパーカーでは、ボディの下のメカをどう構築したかで大方の形が決まってしまう。ガンディーニはシャシーにただボディを被せているにすぎないという見方もできる。そういう意味では、カウンタックを設計したパオロ・スタンザーニはスーパーカーの黒幕的存在だ。カウンタックは、V12を前後逆に置いて、ギアボックスを前に配置した独特のレイアウトだった。このねらいは全長を短くするためで、乗員は前方に追いやられ、「エンジンを運ぶためのクルマ」と揶揄された。ところがV12ミドシップは本来それが当然なことだった。ミドシップのメリット、理想的な重量配分を得るには、一番重いエンジンをできる限り低く真ん中に置く必要があった。初期のミドシップのスーパーカーはこれを徹底していなかった。フェラーリのBBは、V12を180度まで開いてギアとデフの上に置き、2階建て構造にして前後の長さを詰めたが、これは重心が高いうえに、厳密にはリアエンジンに近かった。結局12気筒ミドシップで本来の性能を発揮させようとすると、人が2人乗れるスペースをとるのがやっとで、居住性のある実用的GTなどとてもできはしない。そのため今ではフェラーリ12気筒はミドシップをやめてしまっている。唯一の例外はマクラーレンF1で、エンジンとドライブトレーンを理想的に配置し、なおかつ3人も乗れて荷室も確保した類稀なスーパーカーだ。もっともそれもセンター・ステアリングが不便でないとすればの話である。

ミドシップにV12を横置きしたミウラのシャシー。若いダラーラのレース熱が生み出したものだった。

ダラーラが感化されたといわれるフォードGT40。ルマンにも連勝し、圧倒的な強さを誇っていた。

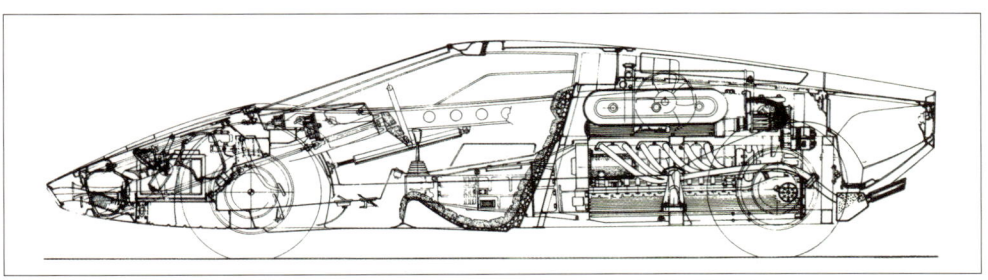

カウンタックLP500の透視図。まさにどこにも隙間がない。ギアボックスがエンジンより前に配置された。

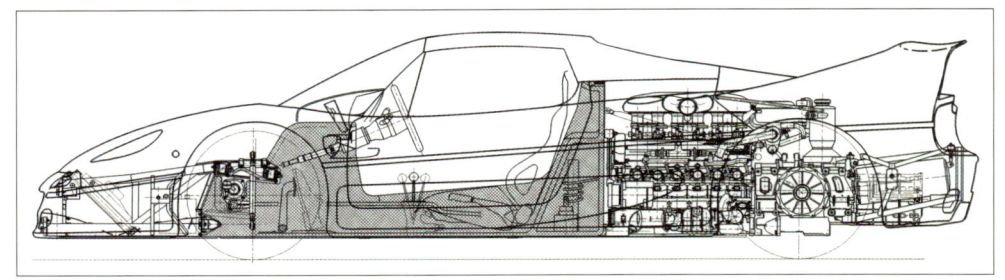

F1に準ずるレイアウトのフェラーリF50。エンジンはカウンタックよりさらに限界まで低く、ギアボックスは最後尾に置かれた。

レーシングカー・コンプレックス

早くレーシングカーになりたい

スーパーカーはレーシングカー・コンプレックスの固まりともいえる。最初のミウラは、設計もデザインも特にGT40に触発されていた。人々がミウラにとびついたのは、中も外も最新のレーシングカーそっくりの形をしていたからだった。20年後のF40は走りまで全くレーシングカーそのものだが、目標とするカテゴリーが全くない悲しい「偽物のレーシングカー」で、その意味では「本物のスーパーカー」だった。ミウラの時代には、レーシングカーは性能的に、もはやロードカーの彼方に行ってしまっていた。スーパーカーとレーシングカーとの接点となったのは、主に公道を走るラリー用のホモロゲーションモデルだった。グループ4のランチア・ストラトスを始め、特にグループBカーはスーパーカーの宝庫である。また90年代半ばにグループCが廃止され、いわゆるGTでスポーツカーレースが戦われるようになると、スーパーカーは生まれて初めてレースの主役となった。中でもマクラーレンF1はロードカーとして出発しながら、ルマンに優勝する至福を味わった。またポルシェの934と911ターボの関係のように、911だけはレース参戦とロードカーがいつもいい関係にある数少ない例である。

スーパーカーの豆知識

1979 童夢P2。童夢零に続いてP2まで作られたが、和製スーパーカーの市販化は実現しなかった。

25年前のブーム

日本中の小学生が熱中した

70年代後半、イタリアのスーパーカーは、日本中の小学生を襲った。ブームの火付け役はもちろん、池沢さとし作の漫画、「サーキットの狼」だった。75年に少年ジャンプに連載を開始すると、瞬く間に日本中は大ブームとなった。テレビでは「スーパーカークイズ」が放映され、各地でスーパーカーの展示会が開催された。横浜の「シーサイドモーター」や環八の外車販売店にはカメラをぶらさげた少年達が殺到した。学校ではスーパーカーの写真入りの筆箱やノートがあふれ、休み時間には、駄菓子屋のガチャガチャで買ったスーパーカー消しゴムを、ボールペンで飛ばしてレースをした。フェルッチオがエンゾに対抗したストーリーや、ほとんどのイオタがミウラを改造したニセ物であるというのは基本中の基本で、どれがベルトーネで、どれがジウジアーロかはそらんじて言える方が望ましく、なかには、日本には512BBは1台しかないからお前が目撃したのは365BBだろう、とか鼻高々に解説するヤツもいた。

1985 ニッサンMID4。ニッサンのミドシップ・エンジン・プロトタイプ。これも生産化が待ち望まれたが市販されなかった。

その後のスーパーカー ——スーパーカーは生き続ける

ブームのその後

F40が2億5000万円

スポーツカーの本物を知ったエンスーは、このブームをむしろ冷めた目で見たけれど、ウルトラセブンやマジンガーZの世界にいた小学生には、カウンタックやストラトスは、どうしたってカッコいいのがあたりまえだった。スポーツカーのスの字ぐらいしか知らなかった少年達は、免許を取る頃には、86レビンやせいぜいソアラに落ち着いて行ったが、なかにはフェラーリを買うために宅配便で働くというような話も世の中にはあった。80年代末のバブルでは、スーパーカーの値段が異常高騰。投資の対象にまでなって、フェラーリの限定生産車F40は、正規の国内販売価格が4500万円のところ、2億5000万円の値札が付き、328GTでさえ3000万近い値がついた。今ではF40が3000万で、308なら500万以下である。

進化するスーパーカー

そこに道路がある限り

日本でもスーパーカーは作られた。どのメーカーもたいがいプロトタイプは作ったし、中でもホンダはNSXでフェラーリを慌てさせた。スーパーカーはこの20年で目覚ましく進化をした。アウトバーンでドイツの超高速セダンに抜かれ、アメリカのマスキー法で牙を抜かれ、安全対策で重くなり、環境問題におびえながらも進化を続けた。形は今でもカウンタックが最も「進んで」はいても、性能は今や当時とはケタ違い。959は300km/hオーバーが夢の世界ではないことを証明し、レーシングカーそのもののF40はスーパーカーが豪華でカッコばかりでいかがわしいという文句にケリをつけた。今やほとんど350km/hが現実となり、いずれそれは400km/hに達するかもしれない。世界中で大小メーカーのスーパーカー生産計画はあとを断たない。メルセデス、ポルシェ、ブガッティ、ベントレー、開発中の新型は目白押しで、フェラーリはF50に続くF60を既に計画している。F70、80、90、100……。スーパーカーは確実にこの地球上で進化し、増え続けるのである。

カタログ発表値にみる最高速と最高出力 (*印を除く)

車種	最高速度	最高出力
フェラーリ275GTB/4 1966	260km/h	300ps
ランボルギーニ・ミウラP400 1966	293km/h	350ps
フェラーリ365GTB/4デイトナ 1968	280km/h	352ps
マセラティ・ボーラ 1971	280km/h	310ps
フェラーリ365GT4/BB 1973	302km/h	360ps
ランボルギーニ・カウンタックLP400 1973	300km/h	375ps
デトマゾ・パンテーラGTS 1973	280km/h	350ps
モンテベルディ・ハイ450GTS 1973	295km/h	390ps
ポルシェ930ターボ 1975	250km/h	260ps
フェラーリ・テスタロッサ 1984	290km/h	390ps
フェラーリ288GTO 1984	305km/h	400ps
ポルシェ959 1987	315km/h	450ps
フェラーリF40 1988	324km/h	478ps
ランボルギーニ・ディアブロ 1990	325km/h	492ps
ジャガーXJ220 1992	350km/h	549ps
ブガッティEB110 1992	350km/h	550ps
マクラーレンF1 1992	370km/h*	627ps
フェラーリF50 1995	325km/h	521ps
フェラーリ550マラネロ 1996	320km/h	485ps
ランボルギーニ・ディアブロGTR 1999	338km/h	590ps
ポルシェ911ターボ(996) 2000	305km/h	420ps

VWアウディ・グループが開発したブガッティのプロトタイプ、E18/4ベイロンはW型18気筒エンジンを搭載する。

ポルシェ959は、ハイテクの4WDによってオーバー300km/hの世界を現実のものとした。

マクラーレンF1はコストを度外視して設計され、1億円でも安いと言われた。最高速度は実に370km/hに達する。

PAPER CARS
How to Make

さぁ、のりとハサミを用意して スーパーカーを作りましょう

●

「紙のスーパーカー」の作り方は簡単です。
まず、カッターでページを切りはなし、
りんかく線にそってよく切れるハサミでじょきじょき切り抜いてください。
解説を読みながら順番に組み立てていくと
「紙のスーパーカー」は完成します。
太線に囲まれた＊マークが、のりしろと切り込み線です。
接着剤は、作者の経験からいうと、
コニシのGクリヤーボンドなどの透明なゴム系ボンドがいいようです。
少量を楊子にとり、のりしろにつけて接着してください。
ボディは微妙な曲面からできているので、
のりしろは全部最初に折りまげないようにしましょう。
直線を折り曲げるさいは、薄いステンレスの定規などをあてると、
くっきりときれいに曲げられます。
底の部分もくっきりと山折りし、
ボンドでしっかりと接着してください。
頭のなかで実車のカタチをイメージしながら組み立てていくのが、
「紙のクルマ」をうまく作るコツといえます。
1台ずつ、クルマを机の上に完成させていってください。

1974 Lamborghini Countach LP400

P.05 の作り方

ランボルギーニ・カウンタックLP400

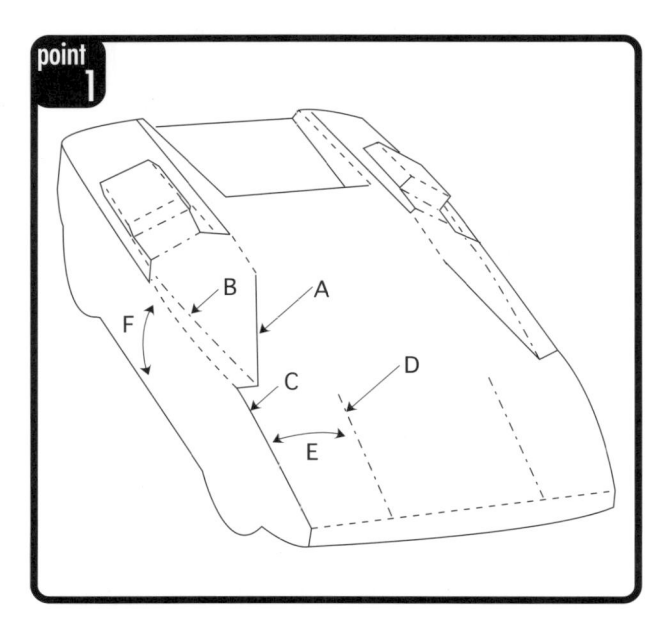

point 1

A. 山折りして接着します。
B. 谷折り。
C. 山折りしてエッジをしっかり出します。
D. 軽く谷折りします。
E. ここに軽く膨らみを持たせます。
F. エッジの効いた平面で構成されているカウンタックですが、こういうところに面の張りがあります。

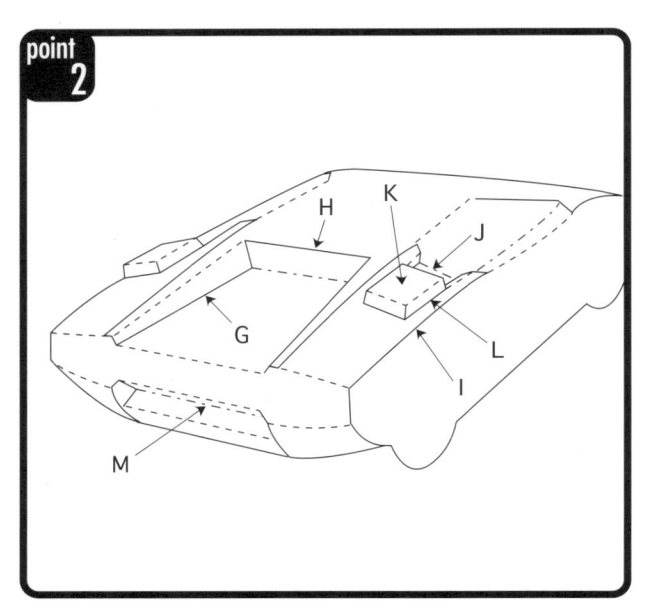

point 2

G. 谷折りして接着します。
H. 山折りして接着します。
I. 山折りして接着します。
J. 谷折りし、この面が一段奥に入るようにします。
K. インテークを箱に組みます。
L. のりしろは谷折りして接着します。
M. マフラーが奥に入るように、谷折りし接着します。

パリで

パリでランボルギーニ専門のガレージを訪ねたとき、
地下の空間にエスパーダやミウラ、400GTなどとともに、
黒いカウンタックがたたずんでいた。
「乗ってみない？」といわれ、ドアを跳ね上げて何とかシートに潜り込み、
フラッシュを焚いて記念撮影。ちょっと照れた笑いのその顔は、昔の小学生に戻っていた。
寒い冬のパリだった。

70年代のスーパーカーブームの頃、フェラーリBBと共に、スーパーカーの頂点に立ったのが、言わずとしれたランボルギーニ・カウンタック。公称302km/hを謳ったBBより最高速が2km/hだけ劣っていたのは有名だ。1971年ジュネーヴ・ショーで発表されたプロトタイプが、あまりにセンセーショナルで話題になり、2年後に細部に変更を加え、ほぼそのまま生産化。その後ランボルギーニは販売不振になるが、もっぱらカウンタックの存在によって、その名は今日まで生き残ることとなる。もちろん最大の売りはベルトーネに在籍したマルチェロ・ガンディーニによる、未だに未来的な度肝を抜くスタイリングである。けれどもパオロ・スタンザーニの設計もまた、レーシングカー的に大胆だった。ランボルギーニ創業以来の傑作60度V12・4リッターはミドシップに縦置きされ、ギアボックスは普通とは逆にその前に置かれて、室内スペースを占拠。人間は無情にも前に押しやられた。また前方はまだしも後方視界が極端に悪く、バックするのに、はねあげ式のドアを開けて身を乗り出して後ろを見るというのは有名な話だ。1978年には空力パーツを付けたLP400Sが登場。その後、何度も改良を加えて、19年間も生産が続いた。

エンジン形式：60度V型12気筒　DOHC　ミドシップ縦置　排気量：3929cc　最高出力：375ps／8000rpm　最大トルク：36.8mkg／5500rpm
最高速度：300km/h　全長×全幅×全高：4140×1890×1070mm　ホイールベース：2450mm　トレッド前／後：1500／1520mm　車重：1200kg

1977 Ferrari 512BB

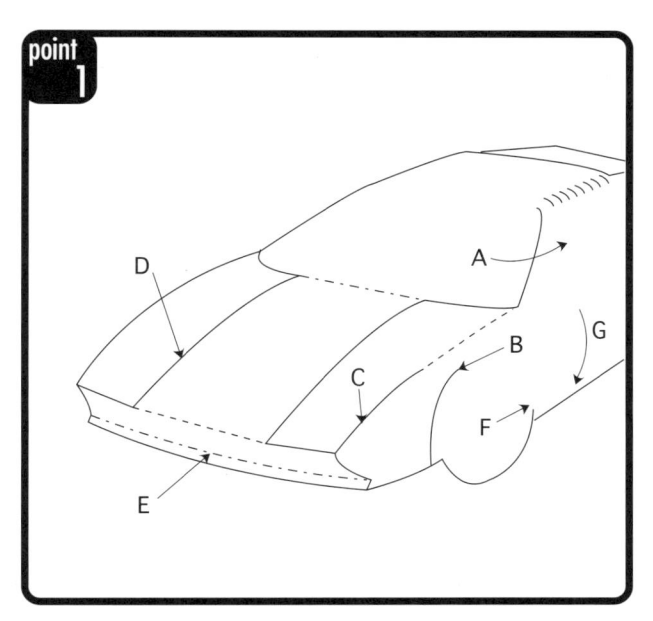

フェラーリ512BB

P.07 の作り方

point 1

A. フロントからサイドへ丸みを持たせて接着します。
B. ここまで切り込みを入れて、フェンダーに丸みをつけます。
C. 山折りして接着します。
D. ここのラインが重なるように、接着します。
E. 谷折りして、512の特徴のエアダムを表現します。
F. 切り込みを入れます。
G. サイドを丸くふくらませ、BBらしく。

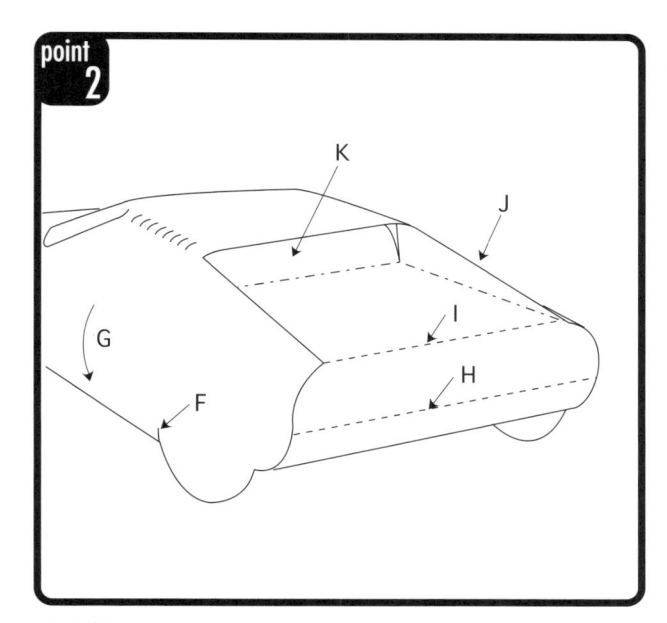

point 2

H. 山折り。
I. 山折り。
J. のりしろは山折りして、リアクォーターパネルの内側にぴったり接着します。
K. リアウィンドーは、1段奥に入るように接着します。

スーパーカーショー

小学生の頃、晴海で大きなスーパーカーショーが開かれた。
何時間も並んでやっと会場には入れたのだけれど、
父親のカメラはフィルムが巻き上がらず、ほとんど写真が残っていない。
でもそこで見た晴れやかな舞台の上のBBは、
なぜか1冊だけ手元にあったカーグラフィックの表紙のBBとともに、
忘れられない記憶となっている。

12気筒フェラーリ初のミドシップ車、365GT/4 BBは1971年のトリノ・ショーでプロトタイプがデビュー。宿命のライバル、カウンタックも同じ年に発表され、共に73年に市販化された。フェラーリのミドシップ採用が遅れたのは、エンゾが、ロードカーではフロントエンジンに固執したためとも言われる。しかしさすがに正統派フェラーリのミドシップ・エンジンカーは古典的とも言える優雅さを備えていた。デザインは前作デイトナに続いて、ピニンファリーナの若きフィオラバンティの作品である。BBはベルリネッタ・ボクサーの略で、ベルリネッタはクーペ、ボクサーはフラット12エンジンを表した。厳密には水平対向ではなく、フェラーリ伝統の60度V12のバンク角を180度まで広げたものだ。巨大な12気筒エンジンをドライバー後方に無理なく収めるために、エンジンを薄くしてその下にギアボックス／ファイナルユニットを置いた巧妙な設計で、カウンタックが無造作にV12とギアボックスを縦置きしたのとは対照的だ。1976年には512BBに発展。それまでの1気筒あたりの排気量ではなく、5リッター12気筒をあらわす表記となった。排気量は増えたが360psの出力は変わらず、302km/hだった最高速は、80年に283km/hと修正される。そして82年に燃料噴射化された512BBiでは、出力も340psまで低下した。

エンジン形式：180度V型12気筒　DOHC　ミドシップ縦置　排気量：4942cc　最高出力：360ps／6600rpm　最大トルク：46mkg／4600rpm
最高速度：302km/h　0－1km：24秒　全長×全幅×全高：4400×1830×1120mm　ホイールベース：2500mm　トレッド前／後：1500／1563mm　車重：1515kg

1976 Porsche 934 Turbo
ポルシェ934ターボ

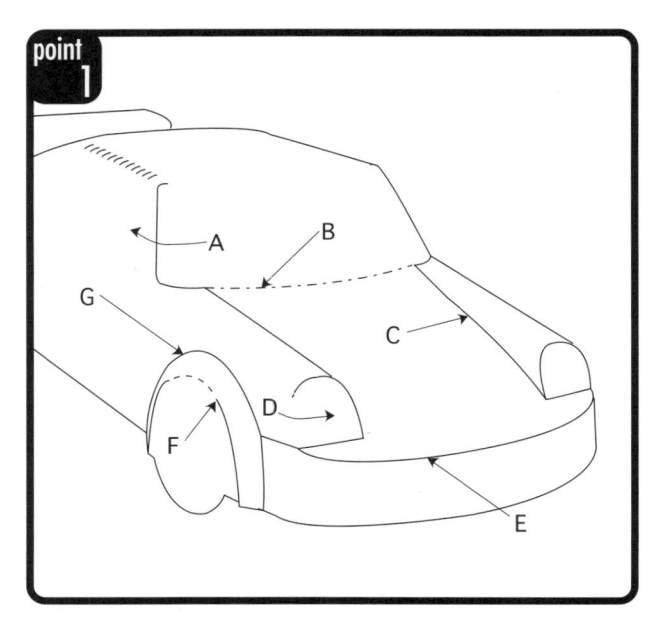

P.09 の作り方

point 1

A. 小さなアールで、サイドにつながります。
B. 谷折り。
C. フェンダーを丸めて、ここを谷折りし接着します。
D. ライトにすき間ができないように気をつけて、バンパーへ谷折りして接着します。
E. 山折りして接着します。
F. 切り込みを入れて、山折りし接着します。
G. 谷折りして接着します。

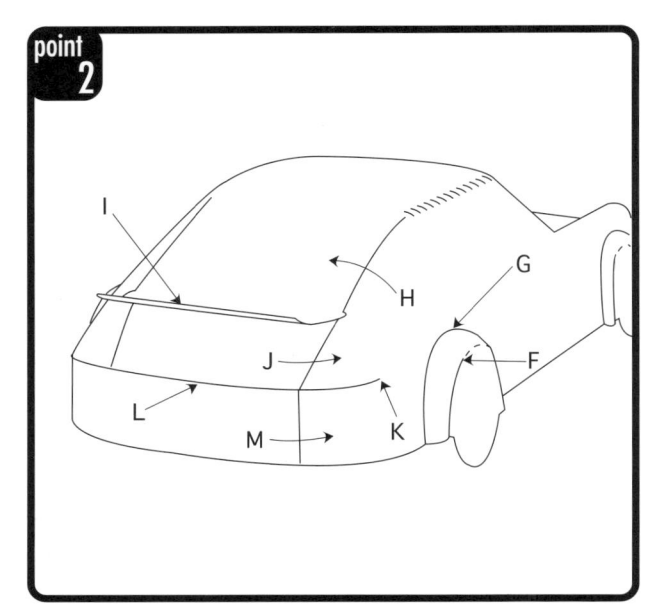

point 2

H. なめらかに面がつながるようにします。
I. 山折りして裏と張り合わせ、少し上へそらせます。
J. なめらかに面がつながるようにします。
K. ここまで切り込みを入れ、フェンダーを丸め接着します。
L. 山折りして接着します。
M. なめらかにサイドへつながります。

タミヤの934

小学生の頃、プレゼントされたのが、
大きな箱のタミヤの934ターボ。
ひとつひとつのパーツを組み立てると、本物そっくりのクルマが出来上がる興奮。
自分でもびっくりするぐらいに、カッコイイ934が出来上がった。
ちょっとずつ組み立てていく楽しさを、
今の子供たちは何で味わっているのだろう？

1976年、FIAがレースの車両規則を改正したのに伴い、ポルシェはグループ4で勝つためにタイプ930型の911ターボをベースに934を開発した。1975年に発売された初代911ターボは、豪華GTとみなされがちだが、実ははじめからレース転用を前提とした設計がなされていた。そのため911ターボのスーパーモデルというべき934は、930ターボからの改変項目が比較的少ない。外観では16インチ径タイヤを収めるため、911ターボのオーバーフェンダーを規則で許された50mmだけさらに拡大。そしてなによりも特徴的なのは、中央のオイルクーラー用に加え、インタークーラー用の冷却ダクトを左右に持つ、大型のフロントスポイラーだった。ちなみにインタークーラーは水冷式で、934はポルシェの歴史で冷却に水を使った最初のクルマとなった。930ターボと同じKジェトロニック燃料噴射の3リッターは、1.4barのターボブースト圧により、ベースの260ps、35mkgから、485ps、60mkgまでパワーアップしている。予定どおり1976年には、グループ4で戦われるヨーロッパGT選手権を制覇したが、グループ4の人気が下降したこともあり、ポルシェは76年限りで934の開発を打ち切った。しかしその後ルマンのグループ4クラスで、1977、1979、1980年と優勝を飾っている。

エンジン形式：水平対向6気筒　SOHC　ターボ　リア縦置　排気量：2993cc　最高出力：485ps／7000rpm　最大トルク：60mkg／5400rpm
全長×全幅×全高：4291×1875×1304mm　ホイールベース：2271mm　車重：1120kg

1972 Maserati Bora
マセラーティ・ボーラ

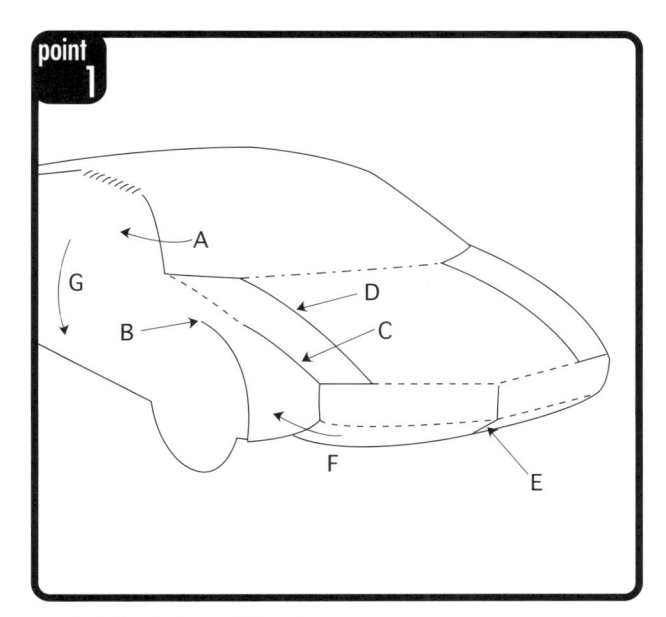

P.11の作り方

point 1

A. サイドへ丸くつながります。
B. 切り込みを入れ、フェンダーにふくらみをつけます。
C. 山折りしてフェンダーのエッジを表現します。
D. ここのラインが合うように接着します。
E. 山折りしてノーズを形作り、ここで接着します。
F. ここは、なめらかにつながるように。
G. サイドは丸くふくらませます。

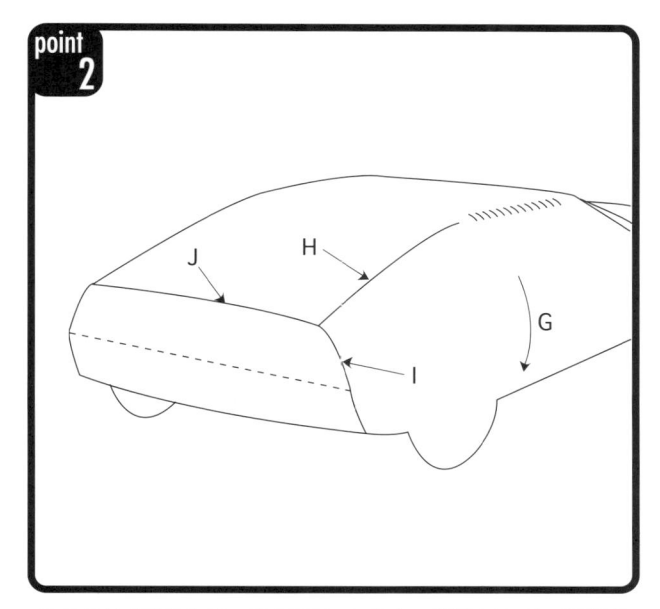

point 2

H. ここは山折りして、ジウジアーロのもつ清潔なラインを表現します。
I. 山折りして接着します。
J. 山折りして接着します。

趣味の良さ

スーパーカーブームの頃、派手なカウンタックやBBの話をしているときに
「マセラーティが好きだ」というのは、ちょっと勇気が必要だった。
派手な黄色や赤のスーパーカーの横で、
美しくたたずむ明るいメタリックブルーにシルバーのルーフのマセラーティ。
調和がとれた美しい姿は、
クラスにいる控えめな女の子を思い出させた。

戦前からの名門であるマセラーティの旗艦モデル、ボーラは、フェラーリBB、カウンタックと同じ1971年にデビューした。マセラーティ初のミドシップ・エンジンのスーパーカーは、前衛的カウンタックや、華麗なBBに比べるとスター性には欠けた。しかし老舗にふさわしい魅力を備え、そのジェントルな抑えのきいたスタイリングは、新たにイタルデザインを興したジョルジェット・ジウジアーロによるものであった。メカニズムは鋼板溶接の強固なシャシーに、前後とも定番のダブルウィッシュボーンのサスペンション。50年代マセラーティ・レーシングスポーツの名車、450Sに端を発する90度V8ユニットを角断面鋼管サブフレームを介してミドシップに搭載。4.7リッターで310psを発生し、最高速は同じマセラーティのフロントエンジンのギブリやカムジンを凌ぎ、BB、カウンタックには及ばないものの、280km/hを誇った。また、経営難から1968年に提携関係を結んでいたシトロエンの技術も採用。パワーブレーキはシトロエン特許の油圧によるものだった。そして1972年にはボーラの姉妹車、2気筒減らしたV6を搭載するメラックも登場。メラックは+2のリアシートを確保し、リアまわりのデザインでボーラと見分けることができた。しかし、その後マセラーティはミドシップのスーパーカーをつくっていない。

エンジン：90度V型8気筒　DOHC　ミドシップ縦置　排気量：4719cc　最高出力：310ps/6000rpm　最大トルク：47mkg/4200rpm
最高速度：280km/h　0－100km/h：6.5秒　全長×全幅×全高：4335×1768×1134mm　ホイールベース：2600mm　トレッド前/後：1474/1447mm　車重：1400kg

1974 De Tomaso Pantera GTS
デ・トマゾ・パンテーラGTS

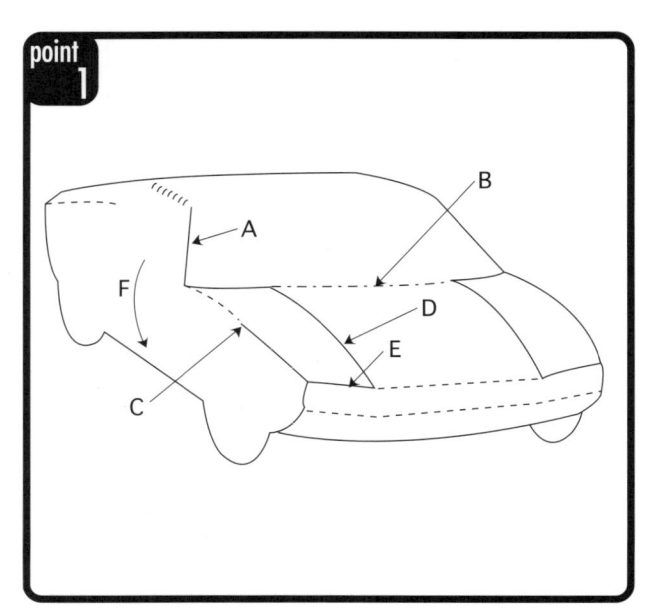

P.13の作り方

point 1

- A. 山折りして接着します。
- B. 谷折りします。
- C. ここまで切り込みを入れて、山折りして接着します。
- D. ここのラインを合わせて接着します。
- E. 山折りし、角度をつけて接着します。
- F. サイドを丸くふくらませます。

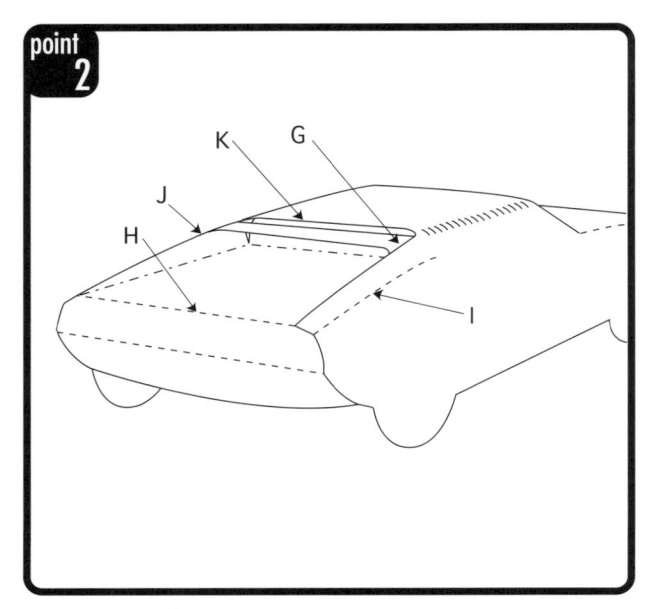

point 2

- G. 山折りして接着します。
- H. 山折りします。
- I. 山折りします。
- J. のりしろを山折りして、リアクォーターパネルの内側にぴったり接着します。
- K. のりしろを山折りして接着します。

気分はアメリカン

ひときわ派手なレタリングの入ったボディサイドと、ツートーンカラー。
マッチョなアメリカンV8を響かせて走るパンテーラには、
ジーンズとTシャツがよく似合う。
ホワイトレターのグッドイヤーから白煙を上げ、次の信号を目指して突き進む。
からっと晴れた空が似合うスーパーカーは、
多くのアメリカ人に愛されていた。

1970年のニューヨーク・ショーでデビューしたデ・トマゾ・パンテーラは、フェラーリやランボルギーニに比べ、抜群に現実的なミドシップ・エンジン・スーパーカーだった。アルゼンティン出身の元レーシング・ドライバー、アレッサンドロ・デ・トマゾ率いるデ・トマゾは、米フォードの傘下に入り、フォードの要請でパンテーラを生産化。米ではフォードの販売網で売られ、メンテナンスもそこで受けられた。フォード製のV8は情緒には欠けたが、耐久性はフォードの品質基準を満たしていたし、なによりお買い得なスーパーカーだった。ルマンで連勝していたフォードGT40のノウハウも注がれ、スケルトン構造のモノコック・シャシーを採用。設計はランボルギーニから移籍したダラーラだった。またフォードでの風洞実験の結果、Cd値はGT40より8%劣るだけと宣伝された。バランスのとれたスタイリングはフォード傘下のギアで、アメリカ人チーフデザイナー、トム・ジャダーが担当。1973年に登場した高性能版のGTSは、350psを発生、幅広のタイヤを装着し、それを収めるオーバーフェンダーと、ツートーンのカラーリングが特徴だった。他にレース用のGT4なども存在したが、パンテーラはその後、改良を加えて、90年代まで生産が続けられた。

エンジン形式：90度V型8気筒　OHV　ミドシップ縦置　排気量：5769cc　最高出力：350ps/6000rpm　最大トルク：50mkg/4000rpm
最高速度：280km/h　全長×全幅×全高：4270×1830×1100mm　ホイールベース：2515mm　トレッド前/後：1450/1460mm　車重：1420kg

P.15 の作り方

1976 Lancia Stratos
ランチア・ストラトス

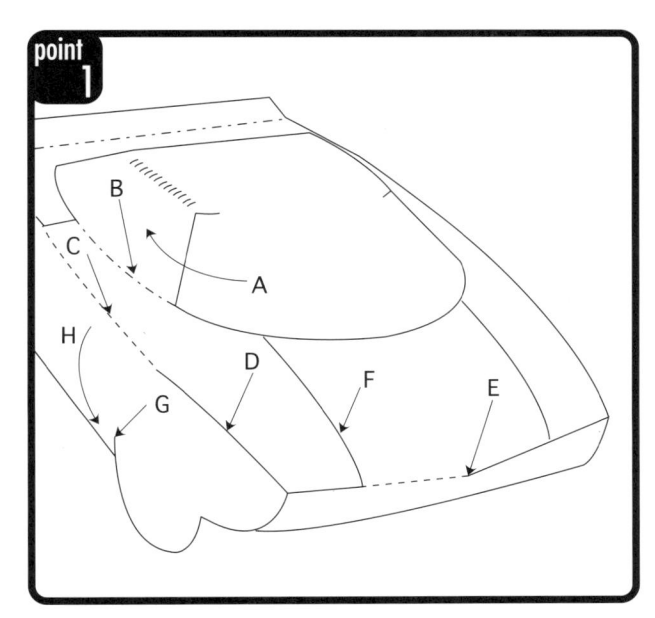

point 1

point 2

A. ウィンドーが丸くサイドにつながるように。
B. 谷折り。　C. 山折り。　D. 山折りして接着します。
E. ここまで切り込みを入れて山折りし、ストラトスのノーズを表現します。
F. ここがぴったり合うように接着します。
G. 切り込みを入れます。
H. サイドを丸くふくらませます。

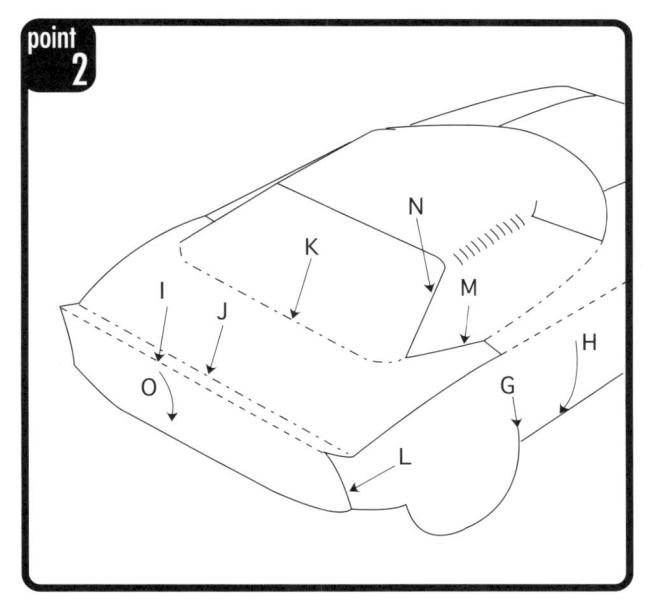

I. 山折りします。
J. 谷折りしてリアスポイラーを表現します。
K. 谷折りします。
L. 山折りして接着します。
M. ここがぴったり合うように接着します。
N. のりしろは山折りして接着します。
O. へこませて、特徴的なリアスタイルを表現します。

ラリー・ウェポン

ラリーに勝つことのみをめざして開発されたストラトスは、
ガンディーニのスケッチから生まれてきた。
デザイナーが線を一本引くとき、そこから新しい命が誕生する。
矢のように空気を切り裂く、勢いのある線。
成層圏から名付けられたそのマシンで、名手サンドロ・ムナーリは戦った。
走り続けるとき、どんな宇宙が見えていたのだろうか。

ランチア・ストラトスは1974年2月に市販が開始された。パーパス・ビルト・カーと呼ばれるとおり、ひとえにパーパス（目的）、すなわちラリー参戦のことだけを考えて設計されたクルマである。後にフェラーリF1監督になる、ランチア・ワークス・ラリーチームの指揮官、チェザーレ・フィオリオが開発プロジェクトを推進。ドライバー、ナビ、メカニックなど、現場の意見をこと細かに取り入れ、そこから浮かび上がった理想のラリーカー像をそのまま具現化していた。機敏な旋回性能を得るため、極端にコンパクトなその全長は、小型のハッチバック程度のサイズしかない。スーパーカーブームの頃に、カウンタックやフェラーリBBに負けない人気を誇ったそのスタイリングは、ベルトーネのガンディーニによるもの。ベルトーネはこのクルマで初めて、ボディ外皮だけでなくシャシーの設計まで依頼されて製作した。あのダラーラも開発に関与し、キャビン部分をモノコックとして、エンジンを載せるリアセクションには見るからに頑丈なボックス型のサブフレームを組んだ。そのエンジンは、フェラーリを口説き落として得た、ディーノ246GT用のV6ユニットである。その強力なエンジンと究めてクイックなハンドリングを武器にラリーフィールドで狙いどおりに活躍。1975、1976年とワールドタイトルを勝ち取った。

エンジン形式：65度V型6気筒　DOHC　ミドシップ縦置　排気量：2418cc　最高出力：190ps／7000rpm　最大トルク：22mkg／4500rpm
最高速度：230km/h　0－100km/h：6.8秒　全長×全幅×全高：3710×1750×1110mm　ホイールベース：2180mm　トレッド前／後：1430／1460mm　車重：980kg

1976 Lamborghini Urraco P300
ランボルギーニ・ウラッコP300

P.17の作り方

point 1

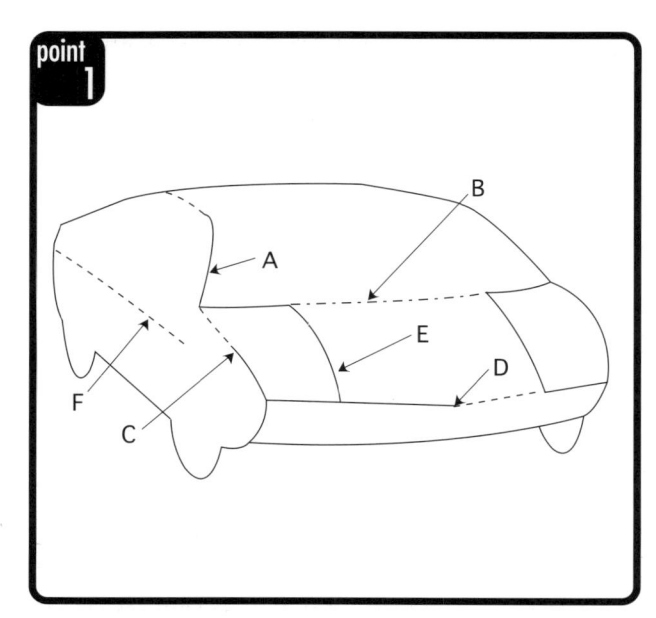

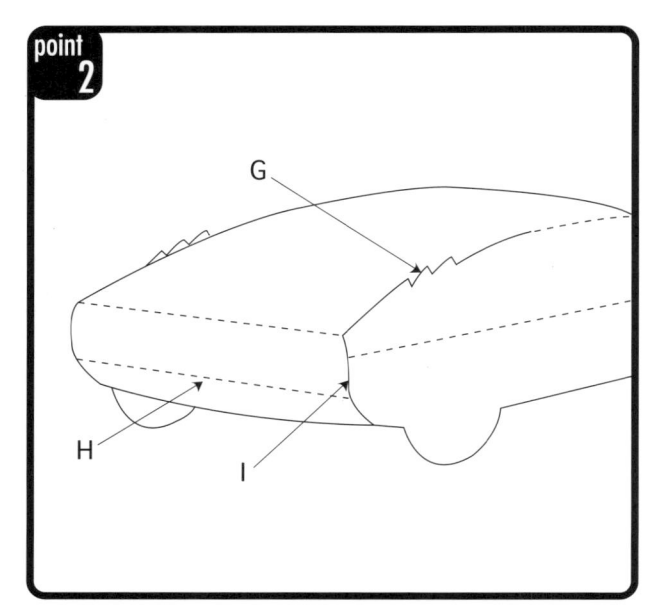

A. 山折りして接着します。
B. 谷折りします。
C. ここまで切り込みを入れ、山折りして接着します。
D. ここまで切り込みを入れ、山折りして接着します。
E. ここのラインを合わせて接着します。
F. ガンディーニのデザインでは、このキャラクターラインできっちり折り目が入っています。

point 2

G. 切り込みを入れてのりしろを山折りし、この部分がすこし飛びだすように接着します。
H. 山折りします。
I. のりしろを山折りして接着します。

偉大なる脇役

スーパーカーのカードで、人気があったのは、
やはりカウンタックやミウラ、BB、246ディーノやポルシェなどで、
ウラッコや308ディーノなどは脇役だった。
人気者の陰で必要以上に過小評価されてしまう、悲しい存在。
でも、今見てみると4人乗れるパッケージングでじゅうぶん美しい。
すっきりしたラインは、はっとするほど魅力的だ。

1970年に登場したウラッコは、いわば普及版ランボルギーニだった。カウンタックと同じく、ダラーラが去ったあとのチーフ・エンジニア、パオロ・スタンザーニが設計した。しかし前輪駆動まで検討されたというだけあり、カウンタックとは対照的に明快に実用性を重視してデザインされた。ボディはモノコックとなり、エンジン/ギアボックスはシート背後に横置きされ、前輪駆動車と同じレイアウトを採用した。そしてスペース効率を重視し、サスペンションは4輪マクファーソン・ストラットを採用、まるでフィアット車のようなパッケージであった。その結果、短いホイールベースに+2のリアシートを確保。その外側を包むボディは、他のランボルギーニと同じ、ベルトーネのガンディーニがデザインし、地味ながら直線基調のモダンな雰囲気を醸し出した。エンジンも全く新設計のV8で、コストダウンのために、ベルト駆動のSOHCを採用。当初P250では2.5リッター、220psで、1974年には2リッターのP200と、ツインカム化した3リッターのP300に発展した。フェルッチオはウラッコを大量生産する計画だったが、72年に会社をスイスの実業家に売却、ウラッコはリアシートを取り去ったシルエット、ジャルパと発展したものの、結局最後はカウンタックだけが生き残ることになる。

エンジン形式：90度V型8気筒　DOHC　ミドシップ横置　排気量：2996cc　最高出力：265ps／7800rpm　最大トルク：28mkg／3400rpm
最高速：265km/h　0－100km/h：5.6秒　全長×全幅×全高：4250×1765×1160mm　ホイールベース：2450mm　トレッド前／後：1450／1470mm　車重：1280kg

1970 Lamborghini Miura P400S
ランボルギーニ・ミウラ P400S

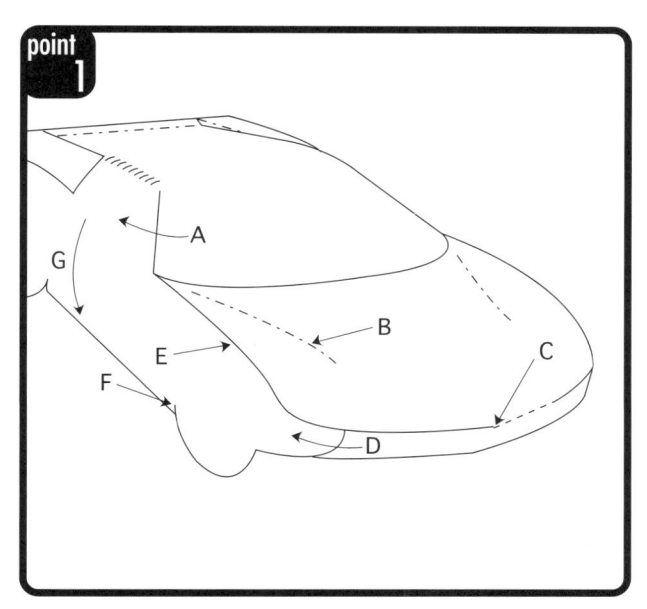

P.19 の作り方

point 1

A. サイドへなめらかにつながります。
B. 軽く谷折りします。
C. ここまで切り込みを入れ、山折りして接着します。
D. 丸くサイドへつながります。
E. のりしろを山折りして接着します。
F. タイヤのまわりに切り込みを入れます。
G. サイドを丸くふくらませます。

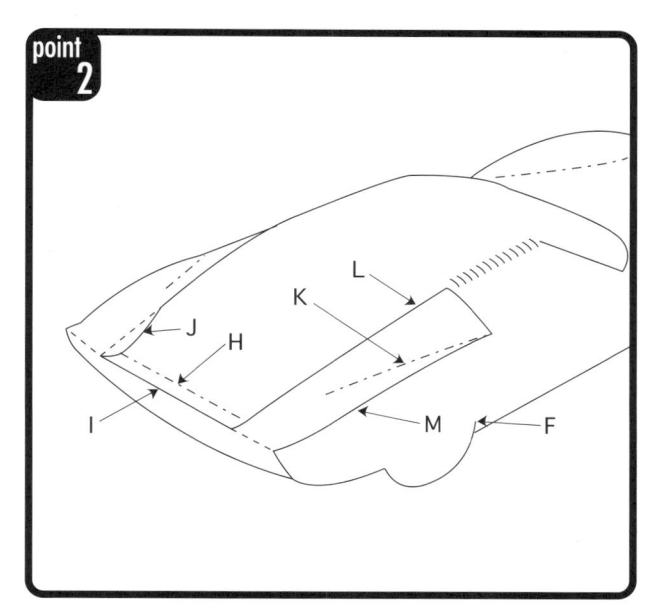

point 2

H. 谷折りして、スポイラーを表現します。
I. のりしろを山折りして接着します。
J. のりしろを谷折りして、段差を表現します。
K. 軽く谷折りします。
L. 山折りして接着します。
M. 山折りして接着します。

ランボのワイン

パリのレトロモビルのブースで、
白ワインを開けて乾杯をしたとき
「これはランボのワインだから」とおみやげにもらってきた。
フェルッチオ・ランボルギーニが引退したあと作ったワインの、
ランボのエンブレムの入ったビンはだいじな宝物になっている。
ランボルギーニ・ミウラも今や熟成したワインの薫りを思い出させる。

スーパーカーの歴史はランボルギーニ・ミウラから始まったと言われる。1966年ジュネーヴ・ショーで発表されたミウラは、レース熱にうかされた、まだ20代の鬼才ジャンパオロ・ダラーラらの若いチームが作りあげたものだった。フェルッチオが製作を許可したのは、新興ランボルギーニの宣伝効果をねらったためと言われる。その構成はまさしくレーシングカーまがいで、軽め穴を開けた鋼板製シャシーのミドシップに、4リッターV12 DOHCを搭載する。P400というネーミングのPはPosteriore（後ろ）の略でミドシップを表した。横置きに搭載したその方法は、前輪駆動のミニからアイデアを得たといわれ、コンパクトに収めるために、なんとエンジンとギアボックスを一体成型しており、V12ミドシップ・ロードカーのパイオニアとして苦心の跡が見られた。1965年トリノ・ショーで話題集めにシャシーだけ展示され、大変な反響を呼んで翌年生産化されるが、開発は不十分で、特に初期のミウラはいろいろとトラブルも多かったという。スタイリングはベルトーネで、前任者ジウジアーロの影響を受けたと言われるマルチェロ・ガンディーニが完成させた。1968年にパワーアップした改良版のSが登場、1971年にさらにSVへと進化する。イオタと呼ばれるレース用モデルも1台だけ製作され、そのコピー版が数台作られた。

エンジン形式：60度V型12気筒　DOHC　ミドシップ横置　排気量：3929cc　最高出力：370ps／7700rpm　最大トルク：39.5mkg／5500rpm
最高速度：280km/h　0－100km/h：4.5秒　全長×全幅×全高：4390×1780×1100mm　ホイールベース：2500mm　トレッド前／後：1420／1420mm　車重：1180kg

P.21 の作り方

1981 Lotus Esprit Turbo
ロータス・エスプリ・ターボ

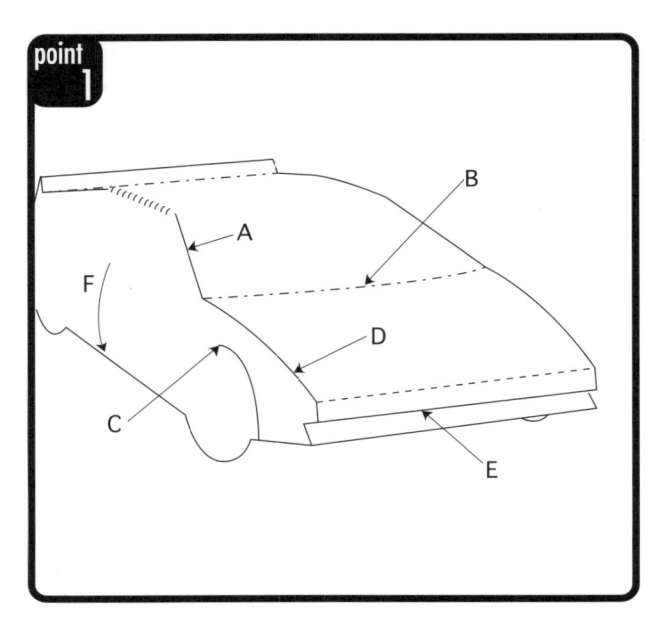

point 1

point 2

A. 山折りして接着します。
B. 谷折りします。
C. ここまで切り込みを入れ、接着します。
D. ジウジアーロの直線的なラインのエッジは、きっちりと山折りして接着します。
E. エアダムは谷折りして表現します。
F. サイドは丸くふくらませます。

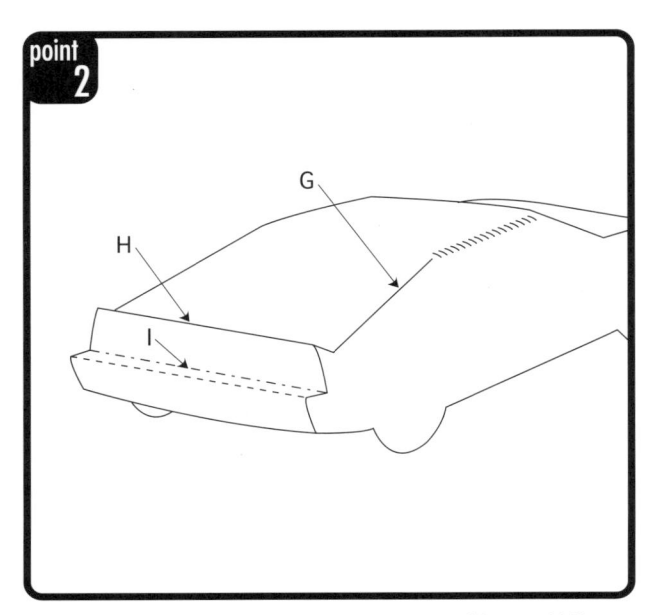

G. 切り込みを入れて、のりしろはきっちりと山折りして接着します。
H. のりしろを谷折りして接着し、スポイラーを表現します。
I. 谷折りして、バンパーの段差を表現します。

霧の中を

薄暗い、霧に覆われたワインディングロードを、
ターボの過給音を響かせ駆けぬける、
エセックスカラーに塗られたエスプリターボ。
ロータスの生まれ故郷、ノリッチの飛行場跡地の工場をめざす。
この工場のとなりにチャプマンは住んでいた。
生きているうちに会いたかった。ただ、ありがとうと言いたかった。

F1で数々の勝利を収めたロータスは、1975年にエスプリをリリース。エスプリは軽量ミドシップ・スポーツの先駆車、ヨーロッパの後継モデルであった。160psの16バルブ2リッター・ユニットを、バックボーンフレームシャシーのミドシップにサブフレームを介して搭載。ロータスらしく無駄な飾りのない前衛的なFRP製ボディは、もちろんジウジアーロがデザインしたもの。内装はヨーロッパより豪華になったものの、コクピットはタイトで荷物スペースも少なく、依然として硬派な走り屋向けのスポーツカーであった。なによりコーリン・チャプマン率いるロータスにふさわしく、優れたハンドリングを身上としていた。1980年にはエスプリ・ターボが登場。ターボの欠点である低速域のターボラグを抑えるため、ストロークを伸ばして2.2リッターとし、210psまでパワーアップ。エスプリ・ターボは、価格的にも性能的にももはやライトウェイトスポーツの領域を越え、フェラーリ308GTBなどをライバルとするスーパーカーとなった。当時のロータスF1のスポンサーであったエセックスカラーに塗られた仕様は、初期の限定バージョンである。1987年には新しいボディの新型に移行した。またエスプリは映画007のボンドカーにも抜擢されている。

エンジン形式：直列4気筒　DOHC　ターボ　ミドシップ縦置　排気量：2172cc　最高出力：213ps／6000〜6500rpm　最大トルク：27.7mkg／4000〜4500rpm
最高速度：245km/h　0−400m：14.4秒　0−97km/h：5.6秒　全長×全幅×全高：4191×1854×1118mm　ホイールベース：2438mm　トレッド前／後：1537／1554mm　車重：1100kg

1983 Lancia Rally 037
ランチア・ラリー037

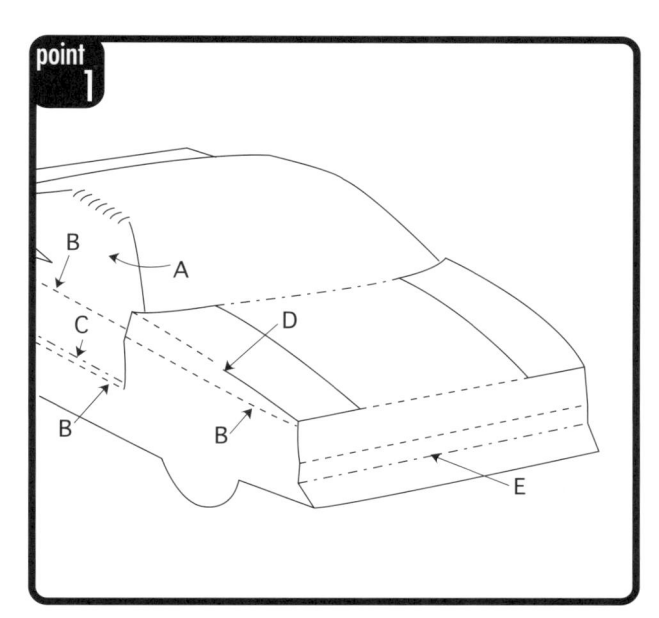

P.23の作り方

point 1

- A. ウィンドーは丸くサイドへつながるように。
- B. キャラクターラインを山折りします。
- C. サイドの段差を谷折りで表現し、ドアとフロントフェンダーの間にすき間ができるようにします。
- D. 切り込みを入れ、のりしろを山折りし接着します。
- E. ここのラインを谷折りして、フロントエアダムを表現します。

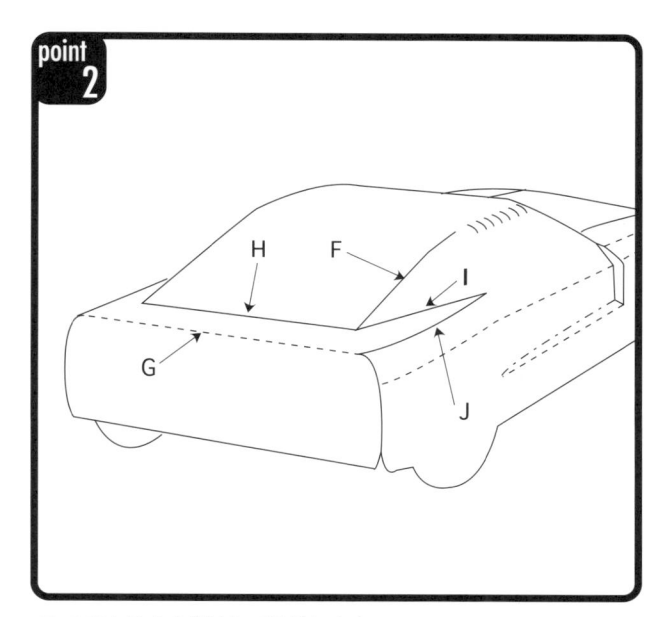

point 2

- F. のりしろを山折りして接着します。
- G. 山折りします。
- H. のりしろを谷折りして接着します。
- I. のりしろを谷折りして接着します。
- J. フェンダーのエッジが出るように、のりしろを山折りして接着します。

ラリーの血統

フルヴィアやストラトスの時代から、
常にラリーに勝つモデルを用意し、
ワールドチャンピオンを確実に手にしてきたランチア。
グループB時代に対する最初の回答がランチア・ラリーだった。
モンテ、ツール・ド・コルス、サンレモなどで勝利を重ねた、本物のラリーマシンだ。
ランチアに流れる血には、勝利の遺伝子が組み込まれている。

1983年、ランチア・ラリー037は4WDのアウディ・クワトロとせりあって見事に世界タイトルを獲得した。WRC（世界ラリー選手権）がモンスターマシンのグループB規定となった初年度だった。マシンを開発したのはアバルトで、ランチア・ベータ・モンテカルロをベースに、キャビンのみモノコックを残し、前後はレーシングカーそのものの鋼管サブフレームを組んだ。その開発には、あのランボルギーニ・ミウラも手がけたジャンパオロ・ダラーラも携わった。そしてベータ・モンテカルロと違いミドシップに縦置きされるエンジンを手がけたのは、元フェラーリのアウレリオ・ランプレーディである。2リッター16バルブ4気筒を、スーパーチャージャーで過給。低速から高回転までレスポンス鋭く回り、ロードバージョンは205psだが、ワークスカーは300ps以上を発生した。ベータ・モンテカルロはフェラーリBBと同時期のピニンファリーナの作品で、037にモディファイしたのもピニンファリーナだった。後のフェラーリF40をも思わせる近代レーシングスポーツカーそのもののフォルムだが、アバルトらしく細部の処理が無骨で、それがかえってラリーカーらしい迫力を醸し出した。ランチア・ラリーは、実戦で勝つために作られた、路上を行く本物のレーシングカーであった。

エンジン：直列4気筒　DOHC　スーパーチャージャー　ミドシップ縦置　排気量：1995cc　最高出力：205ps／7000rpm　最大トルク：23.8mkg／5000rpm
最高速度：220km/h　0－400m：15.0秒　0－100km/h：7秒　全長×全幅×全高：3915×1850×1245mm　ホイールベース：2440mm　トレッド前／後：1508／1490mm　車重：1170kg

1993 Lamborghini Diablo VT
ランボルギーニ・ディアブロVT

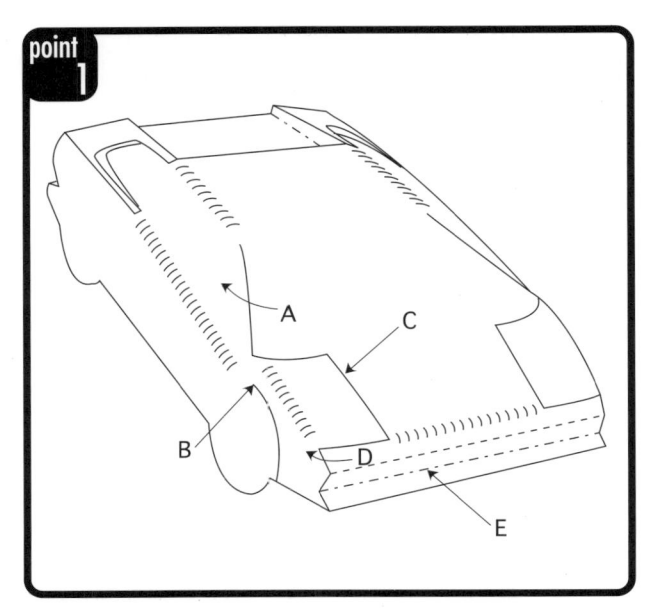

P.25の作り方

point 1

A. サイドへなめらかにつながるようにします。
B. ここまで切り込みを入れ接着します。
C. このラインが合うように接着します。
D. ディアブロは、やわらかいアールで全体が作られています。このようなところも丸みをつけて。
E. 谷折りして、エアダムを表現します。

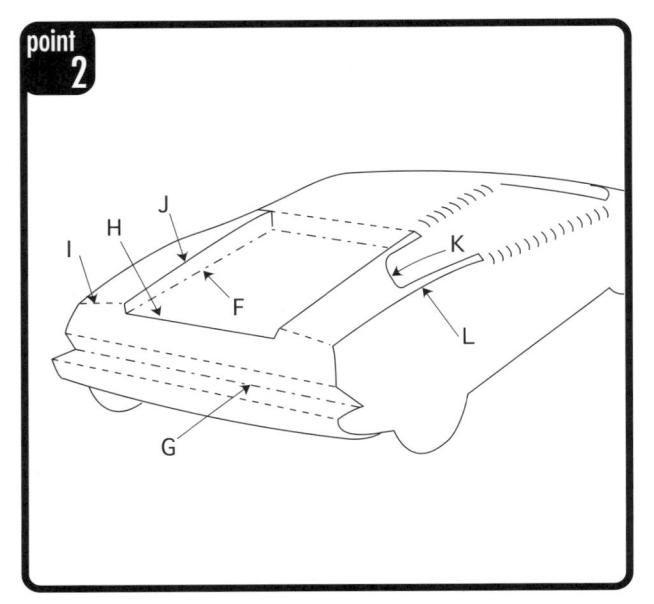

point 2

F. 谷折り。
G. 谷折りして、へこんだ面を表現します。
H. のりしろを山折りして接着します。
I. 山折り。
J. のりしろを山折りして接着します。
K. この面はインテークの内側へ入ります。
L. のりしろを山折りして接着します。

走る悪魔

ボローニャのサンタガタからアウトストラーダを抜け、
最高速を試すProvaナンバーのディアブロ。
ランボルギーニのテストドライバーが、今日も仕事をしているのだ。
巨大なV12エンジンをミドシップにおさめた走る悪魔は、
野獣のごとくまわりを威圧する。
走り去るクルマの中で、ドライバーが軽く笑っているように見えた。

カウンタックの後継として、1990年にディアブロは登場。全て新しく設計されたが、スタイリングやパッケージなど、多くはカウンタックを継承している。デザイナーはマルチェロ・ガンディーニだが、当時ランボルギーニはクライスラー傘下にあり、その意向でより常識的なスタイルとなったといわれる。カウンタックと同じフロントオーバーハングの短い極端なウェッジシェイプのボディは、ホイールベースを延長し大型化された。エンジンは5.8リッターに拡大さ れ、キャブレターに代えて燃料噴射を採用し、492ps、59.1mkgを発生した。最高速は325km/hと発表され、フェラーリのF40を凌いだ。洗練されたとはいえ、やはり腕っぷしの強さを必要とする体育会系スーパーカーであった。ギアボックスを前方に置くパッケージを活かして、当初から4WDが想定されていたが、1993年春、その4WDのVTが追加された。VTはパワーステアリングも装備し、格段にソフィストケイトされて乗り易くなっていた。フェラーリに対抗して ライトウェイト・バージョンのSVなど強化モデルも投入され、最新のGTではF50をも凌ぐ575psを発生する。現在、親会社のVWが次期モデルを開発中といわれる。

エンジン形式：60度V型12気筒　DOHC　ミドシップ縦置　排気量：5707cc　最高出力：492ps／7000rpm　最大トルク：59.1mkg／5200rpm
最高速度：325km/h　0-100km/h：4.1秒　全長×全幅×全高：4460×2040×1105mm　ホイールベース：2650mm　トレッド前／後：1540／1640mm　車重：1625kg

1985 Ferrari Testarossa
フェラーリ・テスタロッサ

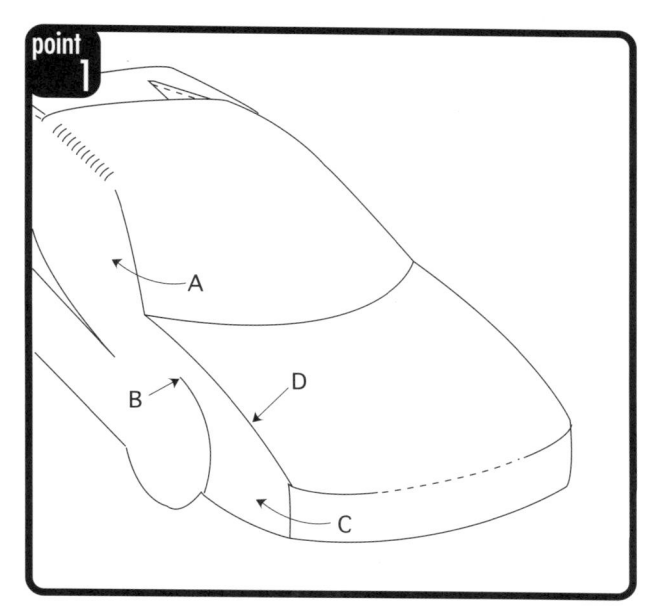

P.27 の作り方

point 1

A. フロントからサイドへ、丸みを持たせて接着します。
B. ここまで切り込みを入れて、フロントフェンダーに丸みを加え、フェラーリらしさを表現します。
C. ここはサイドに丸くつながるように。
D. こういうところは、きっちりと山折りにし、面にめりはりをつけます。

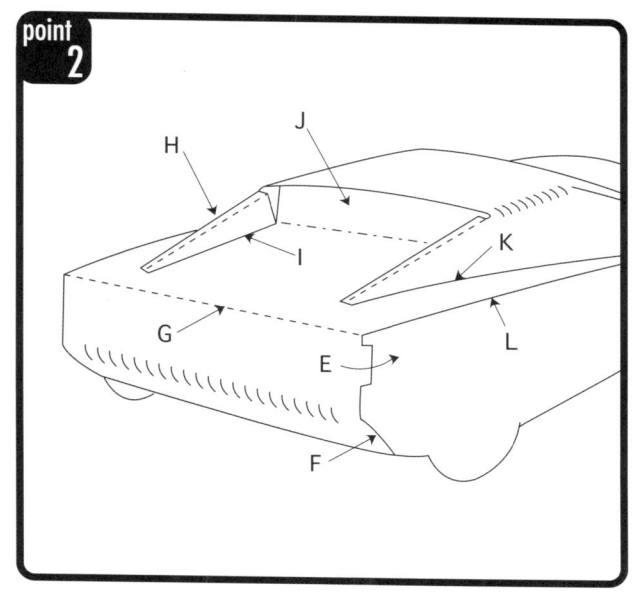

point 2

E. サイドに丸くつながるように。　F. 山折り。
G. 山折り。　H. 山折りし、フィンを立体的にします。
I. ここを谷折りして接着します。
J. リアウィンドーは、1段奥に入るように接着します。
K. 谷折りして接着します。
L. ここを山折りして接着し、テスタロッサのもっとも特徴的なサイドポンツーンを表現します。

赤い彫刻

赤い12気筒を運ぶために創り出された
ピニンファリーナの彫刻作品、テスタロッサ。
走り出すと巨大なマスが、大きな運動エネルギーに変わっていく。
まず目に飛び込んでくる、特徴的なサイドのスリットは
多くのクルマに模倣されたけれど、
オリジナルを越えるものはあらわれていない。

テスタロッサは1984年にデビューし、異例に長くフェラーリのトップモデルを務めたBBのあとを継いだ。テスタロッサとは「赤い頭」という意味で、ヘッドが赤く塗られた往年のレーシング・フェラーリの名の復活であった。基本的にはBBと同じ構成で、スタイリングも同じピニンファリーナだったが、その印象は一新し、スリークなBBよりも大きく華々しくなった。それは時代の流れだけでなく、基本的には設計上の理由からだった。BBの欠点とされたフロントマウントのラジエターをコックピット後方のエンジン両翼のサイドポンツーン内に移すことで、コクピットはラジエターの熱から開放され、さらにフロントに荷物スペースが確保された。また特徴的なサイドのエアダムはこのラジエター冷却用で、5本のフィンは、輸出先での安全法規に対応してデザインされたものだった。しかしこのために全幅は実に2m近くなり、シート背後に荷物スペースを設けたことで、視覚的にも物理的にも圧倒的にテールヘビーとなった。横幅いっぱいにフィンが切られた後ろ姿は圧巻である。その後512TR、F512Mと発展するが、1996年に次世代の550マラネロとなり、ボクサー12気筒＋ミドシップのフェラーリは終焉を迎えた。

エンジン形式：180度V型12気筒　DOHC　ミドシップ縦置　排気量：4942cc　最高出力：390ps／6300rpm　最大トルク：50mkg／4500rpm
最高速度：290km/h　0－400m：13.6秒　0－100km/h：5.8秒　全長×全幅×全高：4485×1980×1130mm　ホイールベース：2550mm　トレッド前／後：1520／1660mm　車重：1600kg

1990 Alfa Romeo SZ (ES30)
アルファ・ロメオSZ (ES30)

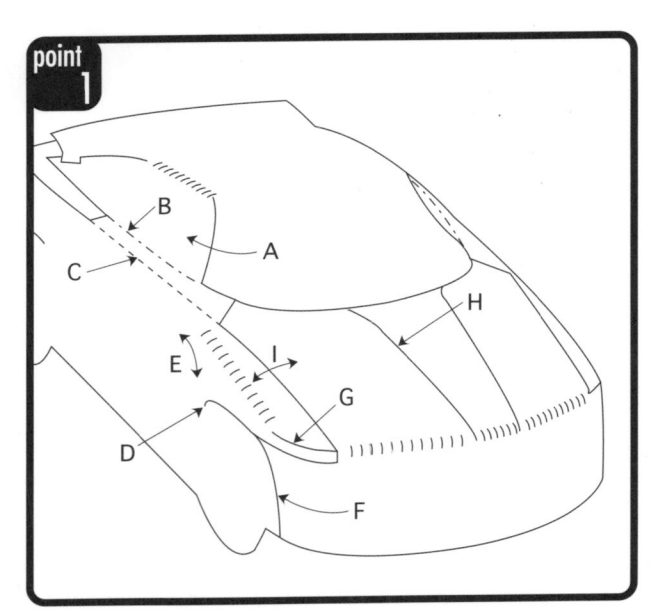

P.29の作り方

point 1

A. サイドへ丸くつながります。　B. 谷折り。　C. 山折り。
D. ここまで切り込みを入れて接着し、丸みをつけます。
E. ここをへこませて、フェンダーを強調します。
F. ここのラインが合うように、接着します。
G. フェンダーを丸め、ここのラインが合うようにします。
H. ここのラインが合うように接着します。
I. ボンネットからフェンダーへスムーズにつながります。

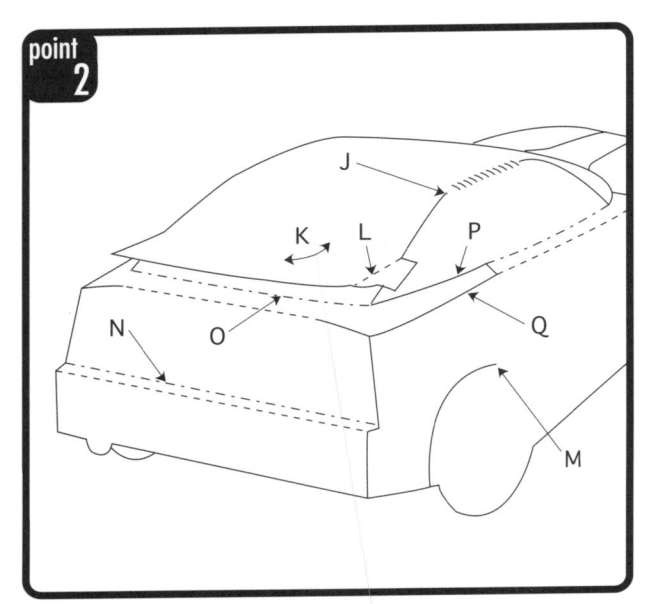

point 2

J. ここまで切り込みを入れ、面がつながるように接着します。
K. ここをそらせて、リアウィングを表現します。
L. 山折り。
M. ここまで切り込みを入れ、面の張りを表現します。
N. 谷折りし、バンパーの段差を表現します。
O. 谷折りし、ウィンドーの下半分をウィングの下へ。
P. 谷折りして接着します。　Q. 山折りして接着します。

イル・モストラ

モストラ、イタリア語で怪物とあだ名されたSZは、
圧倒的な存在感を示す赤い塊となって、コーナーを駆け抜けていく。
細い峠道を越え、教会のある小さな街が丘の向こうに見えてきた。
あの街に着いたら、バールに飛び込んでエスプレッソを胃に流し込み、
この怪物にも腹いっぱいガスを飲ませてやろう。

1989年、スポーツイメージを失いかけていたアルファ・ロメオは、全くアグレッシブなスタイリングのSZを世に放った。デザインはアルファ・ロメオ社内のチェントロ・スティレが行い、古くからアルファと関係の深い名門カロッツェリアのザガートがコンサルタントの役割で製作も担当。当初ES30というコードネームで呼ばれたが、30年前のジュリエッタをベースとした名車、SZ（スプリント・ザガート）と同じ名を冠した。しかし競技用の旧SZと違い、基本的に後輪駆動セダン75・V6のメカニズムをホイールベースもそのままに使用、FRP製の斬新なボディだけを新製したスタイリング重視のロードカーであった。ボディはアルファ・ロメオで初めてCADを使って設計したが、メカニズムはハイテクの無いいたって古典的なもので、3リッターV6も210ps、25mkgと若干のチューンが施されていたにすぎない。しかしこのクルマは実は走ってこそ真価を発揮した。トランスアクスル・ド・ディオンという、70年代アルフェッタ以来のサスペンションがもたらす操縦性は素晴らしく、75レーシングカーで得られたノウハウも注がれたSZは、スーパーハンドリング・マシンの名を欲しいままにした。1035台が生産され、オープン・ボディのRZも241台が作られている。

エンジン形式：60度V型6気筒　DOHC　フロント縦置　排気量：2959cc　最高出力：210ps／6200rpm　最大トルク：25mkg／4500rpm
最高速度：245km/h　0－100km/h：7秒　全長×全幅×全高：4060×1730×1310mm　ホイールベース：2510mm　トレッド前／後：1464／1426mm　車重：1260kg

1985 Ferrari 288GTO
フェラーリ288GTO

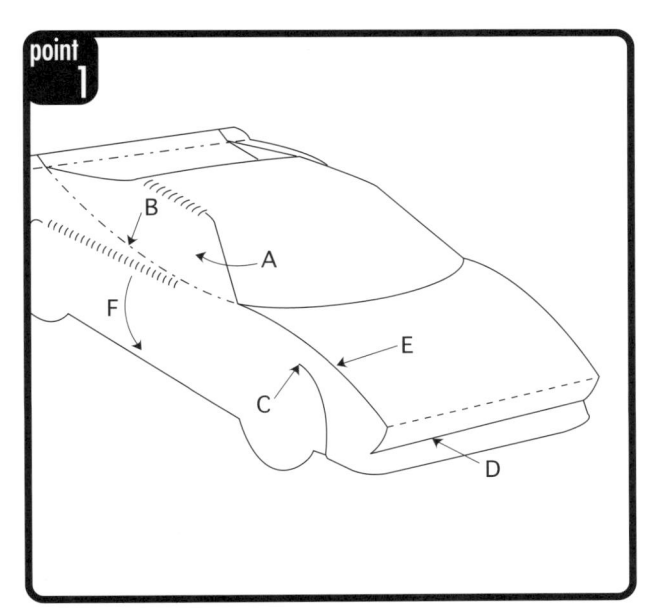

P.31の作り方

point 1

A. ウィンドーは丸くサイドへつながるように。
B. 谷折りします。
C. 切り込みを入れ、フェンダーに丸みをつけます。
D. 谷折りして接着し、スポイラーを表現します。
E. のりしろを山折りして接着します。
F. サイドを丸くふくらませます。

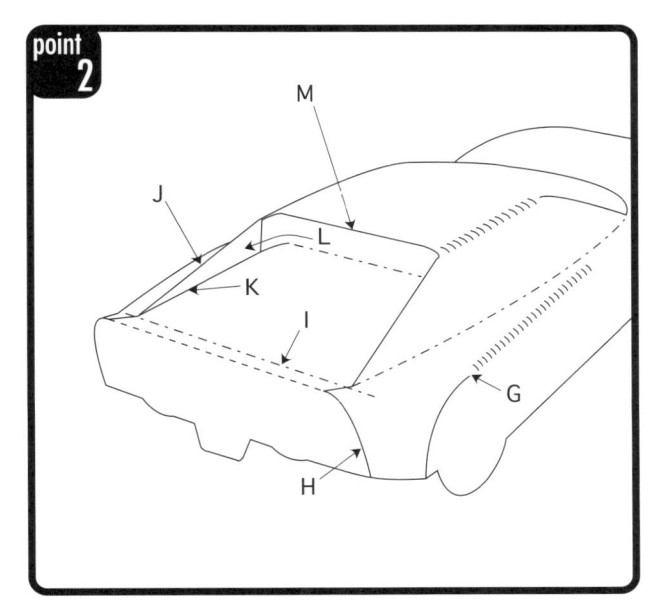

point 2

G. 切り込みを入れ、フェンダーをふくらませます。
H. 山折りして接着します。
I. 谷折りして、スポイラーを表現します。
J. 山折りし、リアクォーターを立体的に。
K. のりしろを谷折りして接着します。
L. リアウィンドーはサイドへ回り込みます。
M. 山折りして接着します。

赤い夢

名車の名前をよみがえらせた、GTO。
繊細な仕上げとハイテクな素材を用いたスパルタンな仕上がりは、
ロードカーとはちがった凄みを感じさせる。
こんなクルマで走りたいのは、
古い街並みを抜けサーキットをまわる、ジーロ・ディ・イタリア。
真っ赤なボディに4連のライトポッドをつけた姿で、エントリーリストに名前を書きこんでみたい。

1984年にデビューした288GTOは、硬派なリアルスポーツだ。スポーツカー耐久選手権のグループBクラスを征することを目的に開発されたレース用ホモロゲーション・モデルで、フェラーリ最高傑作とも言われる60年代の名車250GTOと同じ、Gran Turismo Omologatoを名乗った。ところがレースに出場しないまま、グループBカテゴリーが衰退、288GTOが実際にレースを戦うことはなかった。しかし硬派で希少なフェラーリは熱烈に歓迎され、本来の規定の200台を超える台数を生産。さらに実際に参戦を目指して開発されていた数台の288GTOコンペティツィオーネをベースに、F40が誕生することになる。レースの排気量規定に収まるように、わずかに排気量を縮めた308GTBベースの3リッターV8は、フェラーリF1から受け継いだエンジン・マネジメントシステムと2基のターボチャージャーによって、リッターあたり140ps以上の400ps、50.6mkgを発生。308GTBと違い、コクピット直後に縦置きされている。ボディにはやはりF1で培われた軽量複合素材が使用され、1160kgという軽さを達成。ピニンファリーナのフィオラバンティがデザインした獰猛かつ美しいボディの各部には、250GTOのモチーフが取り入れられている。

エンジン形式：90度V型8気筒　DOHC　ターボ2基　ミドシップ縦置　排気量：2855cc　最高出力：400ps／7000rpm　最大トルク：50.6mkg／3800rpm
最高速度：305km/h　0－100km/h：4.9秒　全長×全幅×全高：4290×1910×1120mm　ホイールベース：2450mm　トレッド前／後：1559／1562mm　車重：1160kg

1992 Bugatti EB110
ブガッティ EB110

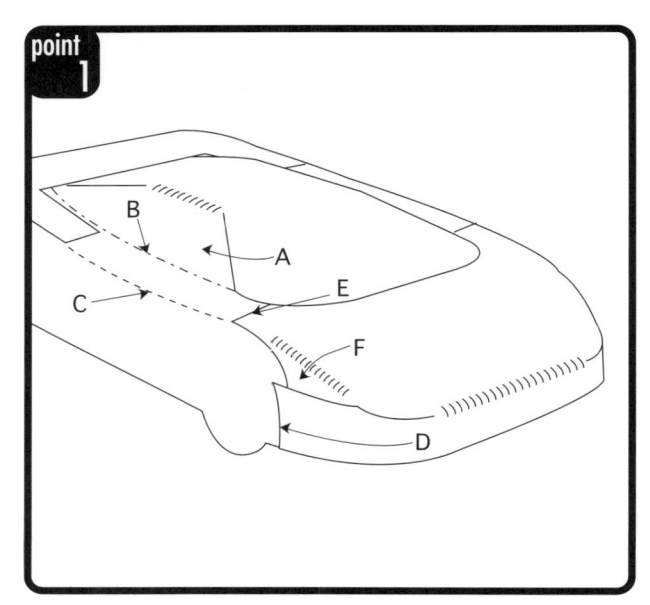

P.33 の作り方

point 1

A. サイドへなめらかにつながります。
B. 谷折りします。
C. 山折りし、EB110の建築的なラインを表現します。
D. ここのラインが合うように接着します。
E. ここのラインが左右合うように接着します。
F. ここのフェンダーのラインは、丸くサイドへつながるようにします。

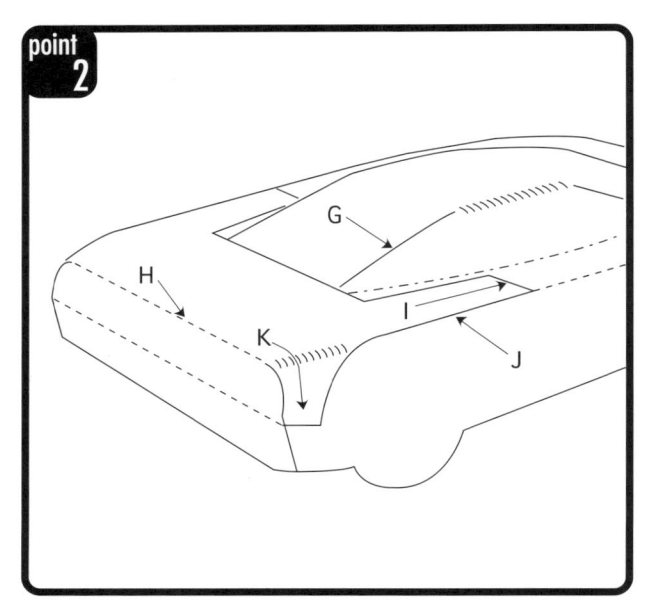

point 2

G. 軽く山折りして接着します。
H. 山折りします。
I. ここのラインが左右合うように接着します。
J. ここは山折りして、きっちりラインを出します。
K. ここのフェンダーのラインは、丸くサイドへつながるようにします。

夢はよみがえる

ブルーのブガッティは1991年、パリで豪華にお披露目された。
アラン・ドロンの横で静かにたたずんでいた3.5リッター550馬力のV12気筒エンジン。
そんな夢のスーパーカーも会社ごとはかなく消えてしまったけれど、
今、あたらしく復活しようとしている。
モールスハイムの美しい競走馬は、こんどはどんな夢を見せてくれるのだろうか。

戦前の名車ブガッティの名を復活させたスーパースポーツが、ブガッティEB110である。新生ブガッティは、モデナ近郊のカンポガリアーノに超近代的な豪華な工場を建設、1991年パリを始め華々しいプロモーションを行い、翌年市販第1号モデルが完成した。ボディはマルチェロ・ガンディーニ、シャシー／エンジンはパオロ・スタンザーニという、かつてのカウンタックの黄金コンビが基本をデザイン。しかしスタンザーニが更送されたため、ストラトスやF40などを手がけたニコラ・マテラッツィが仕上げを行い、工場をデザインした建築家ジャンパオロ・ベネディーニが外観をリファインした。ターボを4基も装着した3.5リッターV12をカーボンコンポジット・シャシーのミドシップに搭載、ハイパワーバージョンのEB110Sでは611ps、66.3mkgを誇った。その爆発的なパワーは前後27：73のトルク配分の4WDによって路面に伝えられ、最高速は350km/hにも達したが、実用に使えるスーパーカーを目指し、ドライビングは容易とさえ言われた。新生ブガッティの中心人物は元ドイツのフェラーリ有力ディーラー、ロマノ・アルティオーリで、最後は資金難に陥り、EB110を作ったのみで計画は挫折した。今ではVWがブガッティの名の使用権を買い、プロトタイプを製作している。

エンジン形式：60度V型12気筒　DOHC　ターボ4基　ミドシップ縦置　排気量：3499.92cc　最高出力：550ps／8500rpm　最大トルク：58mkg／3800rpm
最高速度：350km/h　0-100km/h：3.7秒　全長×全幅×全高：4380×1990×1115mm　ホイールベース：2550mm　トレッド前／後：1556／1606mm　車重：1470kg

1989 Ferrari F40
フェラーリ F40

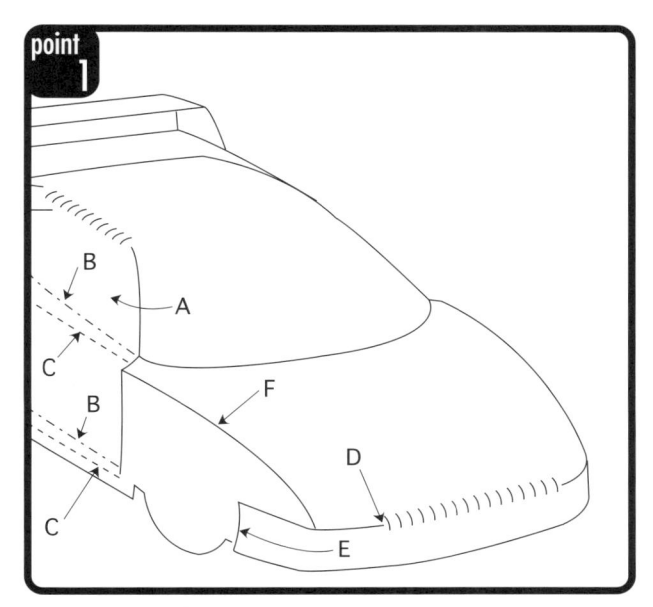

P.35 の作り方

point 1

- A. ウィンドーは丸くサイドへつながるように。
- B. 谷折りします。　C. 山折りします。
- D. ここまで切り込みを入れ、山折りして接着します。
- E. フロントスカートは、丸くサイドへつながります。
- F. ここは山折りし、フロントフードのエッジを表現します。

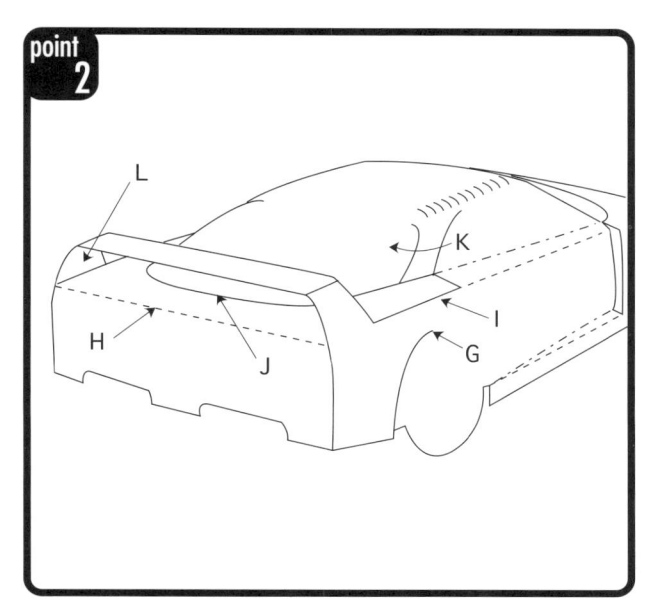

point 2

- G. 切り込みを入れて接着し、フェンダーにふくらみをもたせます。
- H. 山折り。　I. のりしろは山折りして接着します。
- J. リアウィンドーに丸みをつけ、のりしろは谷折りして接着します。
- K. この面がつながるように、ピラーを接着します。
- L. リアウィングの両サイドの裏側に接着します。

朝のエッフェル塔で

まだ暗い朝、エッフェル塔の下に集合した競技出場車の中に
赤いF40もたたずんでいた。
古いフェラーリやアルファ、ストラトスなどに混じって、
低くかまえるF40はとても魅力的だった。
1台1台スタートしていく中で、F40も激しいホイールスピンをさせて飛びだしていく。
本気で走るF40は、本物のフェラーリだった。

フェラーリの40周年を記念して作られたF40は、エンゾ・フェラーリが自ら送り出した最後のフェラーリとなった。豪華快適になるばかりの当時のフェラーリから、かつてコンペティションモデルがそのままロードカーになった時代、すなわちフェラーリの原点への回帰をねらって企画された。288GTOを基本としながら、2936ccとなったエンジンはさらに過給圧を1.1バールまで上げて、478psを発生。センターセクションには308系の面影を残しているが、前後とも一体式に開くカウルなどはまさしくレーシングカーそのもの。カーボンファイバー等の複合素材を多用して軽量化に徹しているものの、当時ライバルと言われたハイテクのポルシェ959とは対照的に、全くローテクな手法で仕立てられた。とにかく全てをレーシングカーとほとんど同じように開発し、あえて無骨なスパルタンに仕上げられた室内も全て走るための機能に徹していた。従って、速く走る上では掛け値無しに滅法速く、世界中の腕に覚えのあるドライバーの挑戦意欲をかきたてた。また当時のフェラーリ人気もあって予約注文が殺到、当初の予定の400台を大きく超える実に1311台が生産された。F40LMなど、レーシングバージョンも製作され、アメリカのIMSAやBPRなど実際のレースにも何台かが参戦している。

エンジン形式：90度V型8気筒　DOHC　ターボ2基　ミッドシップ縦置　排気量：2936cc　最高出力：478ps／7000rpm　最大トルク：58.8mkg／4000rpm
最高速度：324km/h　0-200km/h：12.0秒　全長×全幅×全高：4430×1980×1130mm　ホイールベース：2450mm　トレッド前／後：1594／1606mm　車重：1100kg

1995 McLaren F1
マクラーレンF1

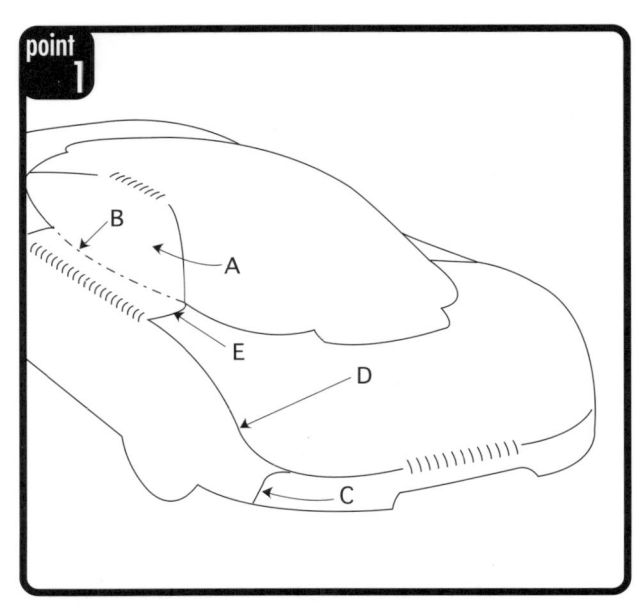

P.37の作り方

point 1

point 2

A. サイドへなめらかにつながります。
B. 谷折りします。
C. ここのラインを合わせて接着します。
D. マクラーレンは、全体がやわらかいアールで作られています。このようなところも強く山折りせずに、小さなアールでつながるようにします。
E. このラインが左右合うように接着します。

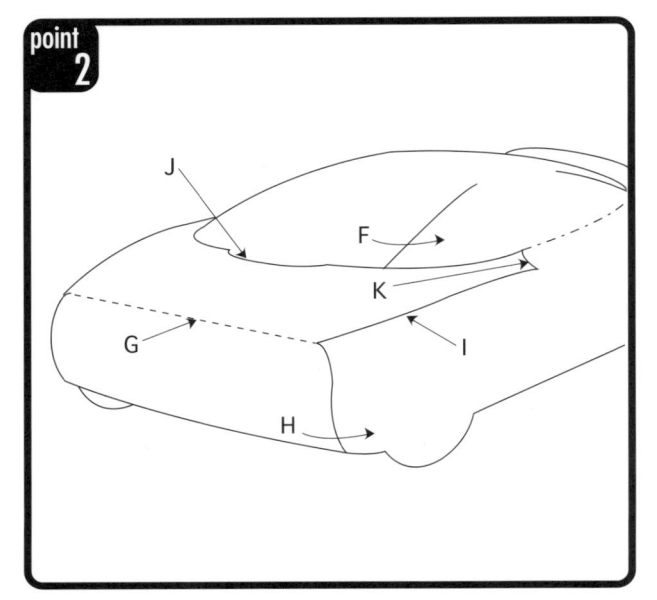

F. なめらかに面がつながるようにします。
G. 山折りします。
H. ここも丸くつながるようにします。
I. ここも強く山折りせずに、小さなアールでつながるようにします。
J. 谷折りして接着します。
K. このラインが左右合うように接着します。

タイムスリップ

シルバーに塗られた宇宙船のようなディテールからは、
未来的なイメージが強く感じられる。
しかし、思い出したのは、なつかしいGT40だった。
丸いノーズにつくヘッドランプのカタチ、低い車高や短いオーバーハング。
ガルフカラーもよく似合っていたじゃないか。
ルマンで優勝したとき感じたのは、かるいデ・ジャ・ヴだった。

マクラーレンF1は、フォーミュラ1デザイナーとして名を馳せた奇才、ゴードン・マーレイが設計したスーパーカーだ。才気あふれるマーレイは、究極のロードゴーイング・スポーツカーとして、全てを妥協なくデザインした。ドライバーを中央に置く1+2のシート配置をはじめ、パッケージングが究めて巧妙で、コンパクトなスペースの中に3名分の居住空間と充分な荷物置き場を確保。フルカーボン・コンポジットを採用したモノコックのシャシーをはじめ、最高の素材をコストを度外視して使用したため、車重はわずか1100kg程度しかない。BMWモータースポーツが設計した6リッターV12は、実に627ps、66.3mkgを発生し、最高速は370km/hといわれる。絶対的性能だけでなく、走りと実用性が究極のレベルで両立しており、その完成度はあまたのスーパーカーよりも一段高いレベルにあった。英国のトップデザイナー、ピーター・スティーブンスがデザインした無駄な飾りを廃したコンパクトなボディはもちろん空力的にも優れていた。当初はあくまでロードカーが前提だったが、当時盛り上がっていたGTレース用に細部を設計し直したF1・GTRが登場すると、ヨーロッパのBPR、日本のGT選手権、そしてルマン24時間レースで優勝、その設計が優れていることを実証した。

エンジン形式：60度V型12気筒　DOHC　ミドシップ縦置　排気量：6064cc　最高出力：627ps／7400rpm　最大トルク：69.3mkg以上／4000〜7000rpm
最高速度：350km/h以上　0-400m：10.8秒（CG計測値）　全長×全幅×全高　4288×1820×1140mm　ホイールベース：2718mm　トレッド前／後：1568／1472mm　車重：1140kg

2000 Porsche 911 Turbo (996)

ポルシェ911ターボ (996)

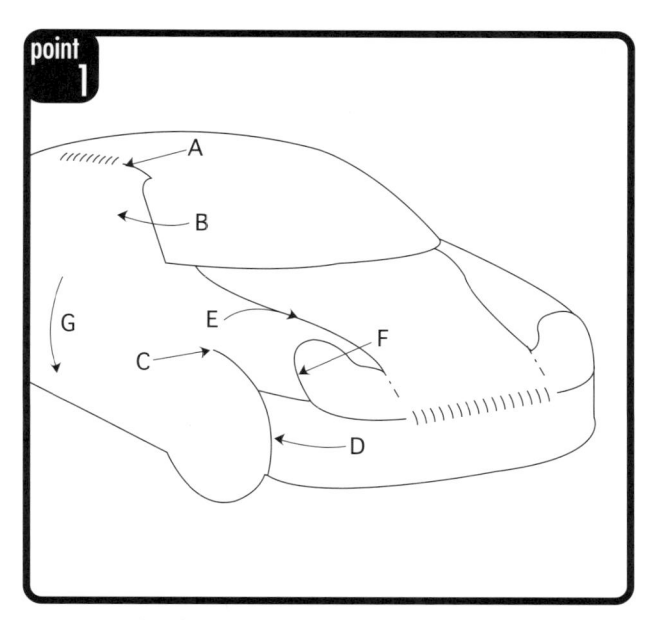

P.39の作り方

point 1

A. ここまで切り込みを入れます。
B. サイドへなめらかにつながるようにします。
C. ここまで切り込みを入れ、フェンダーを丸めます。
D. ここのラインが合うように接着します。
E. フェンダーを丸め、ここを谷折りにして接着します。
F. 軽く山折りにし、ライトに隙間ができないように。
G. サイドを丸くふくらませます。

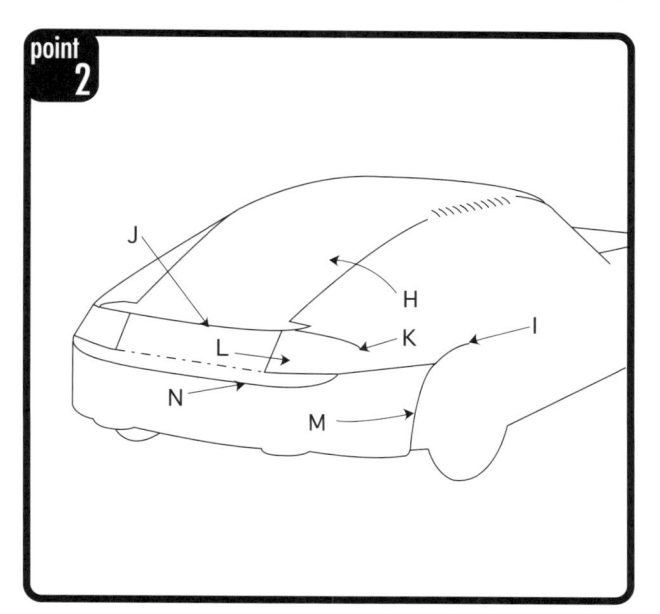

point 2

H. なめらかに面がつながるようにします。
I. ここまで切り込みを入れ、フェンダーをふくらませます。
J. 山折りして裏と張り合わせ、少し上へそらせます。
K. ここまで切り込みを入れ、接着します。
L. ライトからリアパネルへ、なめらかにつながるように。
M. ここのラインが合うように接着します。
N. 山折りして、すき間ができないように接着します。

青い時間

アウトバーンをおりて、森の中の細い道を行くワインレッドの911ターボ。

夜の時間は、虫たちの世界。

朝の時間は鳥たちの世界。

それぞれの時間の交錯するほんの一瞬、静けさにつつまれる青い時間が訪れる。

走り続けたエンジンを止め、日が昇るまえの一瞬のときに耳をすませる。

黒い森の中で、たったひとりの時間。

前モデル993型ターボの生産中止以来、2年半ぶりの2000年春、ポルシェ・ターボが復活した。初代911ターボのような度肝を抜くオーバーフェンダーは今やなく、420psの最高出力も、現代の度はずれた他のスーパーカーと比べるとむしろおとなしい。控えめなのはフェンダーの張り出しだけでない。ヘッドライトや数ヵ所のエアスクープ、また120km/h以上で上半分がせり出す2段式の小さなリアウィングなど、ターボモデルが外にアピールするものはごくわずかしかない。しかし21世紀の911ターボは、完璧なスポーツカーである。その中身はこれでもかというほど最新のメカニズムが豊富に盛りこまれている。フルタイム4WD、電子制御ヨーコントロールシステムのPSM＝ポルシェ・スタビリティー・マネジメント、可変バルブタイミング＆リフト機構のヴァリオカム・プラスシステムを採用したエンジン、超軽量で30万kmの寿命と言われるセラミック・カーボンブレーキ。その走りはどんな状況でも驚くほど安定しきっている。カタログ最高速はついにあのランボルギーニ・カウンタック、フェラーリBBを超える305km/hに達した。しかも当時と違い現実に苦もなくそれをこなすのだからすごい。

エンジン形式：水平対向6気筒　DOHC　ターボ2基　リア縦置　排気量：3600cc　最高出力：420ps／6000rpm　最大トルク：57.1mkg／2700〜4600rpm
最高速度：305km/h　0−100km/h：4.2秒　全長×全幅×全高：4435×1830×1295mm　ホイールベース：2350mm　トレッド前／後：1465／1520mm　車重：1540kg

P.41の作り方 1999 Mercedes-Benz Vision SLR Roadster
メルセデス・ベンツ・ビジョンSLRロードスター

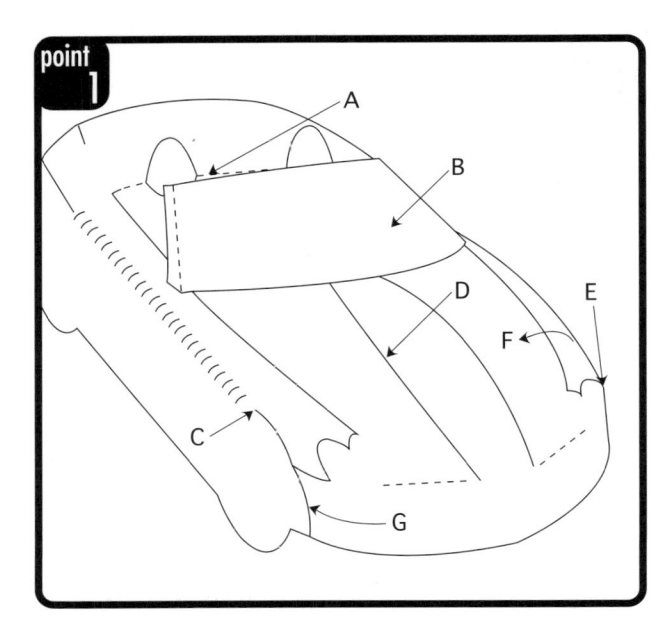

point 1

A. シートの背を山折りします。
B. ウィンドーにカーブをつけ、のりしろを谷折りして接着します。
C. 切り込みを入れて接着します。
D. このラインが合うように接着します。
E. ここまで切り込みを入れ、丸みをつけて接着します。
F. フェンダーからフードへ、スムーズにつなげます。
G. このラインが合うように接着します。

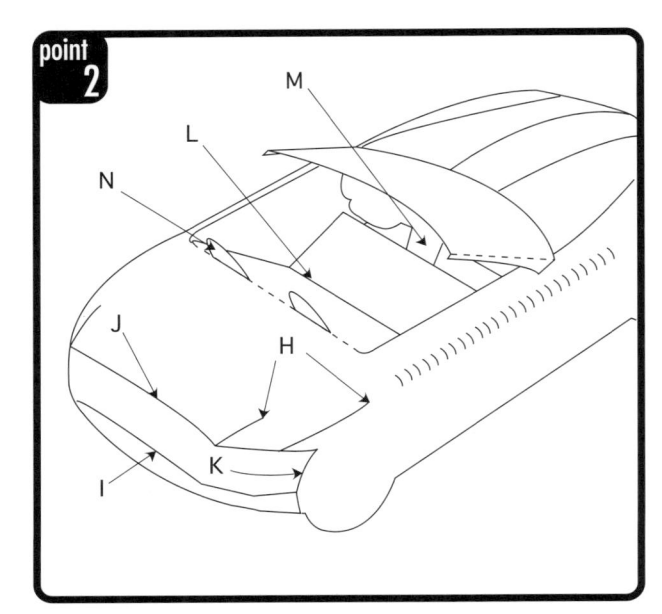

point 2

H. 切り込みを入れて、接着します。
I. 切り込みを入れ、山折りして接着します。
J. のりしろを山折りして接着します。
K. このラインが合うように接着します。
L. 床の裏を接着し、座面を背に谷折りして接着します。
M. ダッシュボードをシートの前に接着します。
N. のりしろを穴に接着し、表面をシートへ接着します。

シルバーアロー

伝説のSLRを名乗ってデビューした現代のシルバーアローは、
豪華なグランドツアラーだ。
トップをおろし、フレンチ・リヴィエラをサン・トロペからカンヌ、ニースまで。
コバルト色に輝く海をながめ、夕日が沈む時間をふたりで待っている。
ほんとうに条件がそろったときだけ、
ほんの一瞬太陽光が緑に輝くのを心待ちにしながら。

メルセデス・ベンツは、スーパースポーツのSLRを2003年に発売する予定でいる。1999年デトロイト・ショーでプロトタイプ、ビジョンSLRを発表し、数ヵ月後に生産化を決定。同年フランクフルトでは、ロードスターも発表した。メルセデス・ベンツはここ数年でスーパーカー市場が拡大すると計算。同社には既にスポーツクーペSLが存在するが、もちろんSLRは性能も、デザインもその上を行く超弩級のスーパースポーツだ。AMGが開発したエンジンはV8にスーパーチャージャーを装着して、557ps、73.4mkgを発生。燃費への配慮もぬかりなく、低負荷では過給を休止する。またメルセデスだけに安全対策もぬかりなく、軽量なアルミとカーボンでボディパネルを形成し、頑丈なカーボンをセンター・キャビンに用いて乗員を保護している。もちろん、電子制御式スタビリティー・コントロールを備えるサスペンションなど、電子制御のハイテクデバイスの類も満載だ。賛否両論のスタイリングは、超ロングノーズに、コンパクトなキャビンを組み合わせて、往年の名車300SLRを思わせるノスタルジックなシルエットを採用。そしてフロント部は最新のF1マシン、マクラーレン・メルセデスのノーズコーンをレリーフのごとく再現。実際に、開発と生産にはTAGマクラーレンも協力する。

エンジン形式：V型8気筒　スーパーチャージャー　フロント縦置　排気量：5496cc　最高出力：557ps／6500rpm　最大トルク：73.4mkg／4000rpm
最高速度：320km/h　0-100km/h：4.2秒　全長×全幅×全高：4564×1878×1247mm　ホイールベース：2660mm　トレッド前／後：1600／1546mm

1999 Ferrari 360 Modena
フェラーリ360モデナ

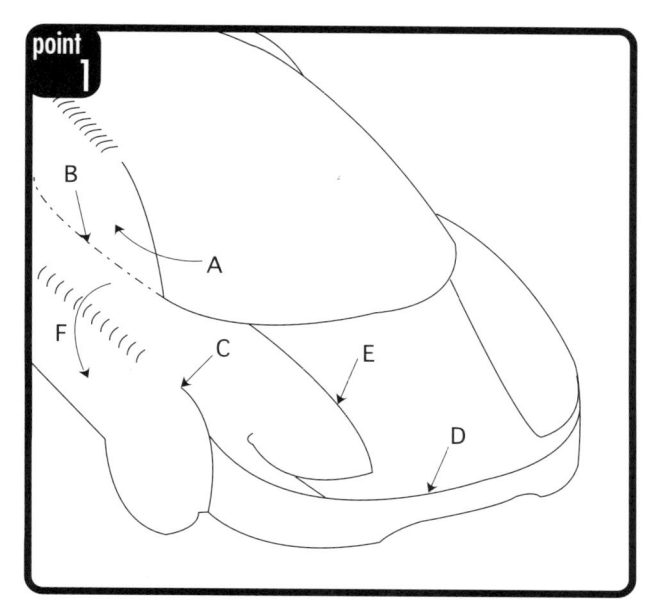

P.43の作り方

point 1

A. ウィンドーが丸くサイドにつながるように接着します。
B. 谷折り。
C. ここまで切り込みを入れて、フェンダーに丸みをつけます。
D. のりしろは山折りして接着します。
E. このラインが会うように、ヘッドライトとフロントフードを丸みをつけながら接着します。
F. ショルダーにリアまで丸みをつけます。

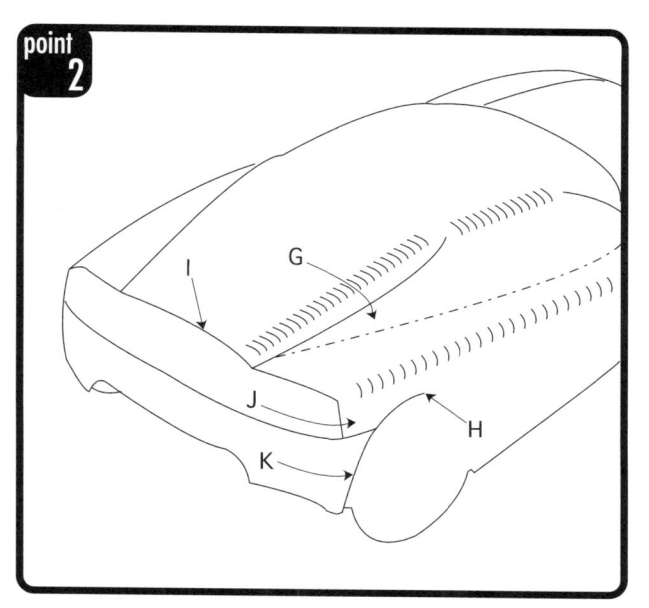

point 2

H. ここまで切り込みを入れて接着し、ピニンファリーナのもつ、リアフェンダーの張りを表現します。
I. のりしろを山折りして接着し、ラウンドしたテールを形作ります。
J. この面は丸くサイドに回り込みます。
K. ホイールハウスが丸くつながるように気をつけて、バンパーを接着します。

モナコにて

ヨットの上でシャンパンをあけ、美しい女性たちの腰に手をあて地中海を見おろす。
そして乗り込むのは360モデナだろう。
キーをひねって美しい跳ね馬を目覚めさせ、
F1グランプリの興奮の残る街なかをゆっくりと流すのだ。
コーナーでショーウィンドーに映る赤いクルマをながめながら、
助手席の女性の寝息を聞いている。

360モデナは、フェラーリ史上最高のヒット作F355の後継モデルとして、1999年にデビューした。フェミニストで知られるルカ・ディ・モンテゼーモロ現社長の指示で、パッセンジャー＝女性のために、コクピットの快適化につとめ、従来型よりも全長で227mm、高さも44mm大型化した。しかし同時に全ての性能は先代を凌駕している。アメリカのアルコア社製のアルミ・スペースフレーム・シャシーは、わずかの重量増で、捩り剛性を44％、曲げ剛性を42％向上させた。先代より若干排気量を上げた90度V8・5バルブは、8500rpmで400psを発生、F355よりマイルドになったものの、フラットなトルク特性はスポーツ走行でも威力を発揮する。ソリッドなシャシーに、より強力なエンジンと、女性に配慮しながらもその性能は確実にレーシングカーにすりよっている。ピニンファリーナのボディは、5400時間にも及ぶ風洞実験の成果であり、リア下部にはレーシングカー並みの本格的ディフューザーも備える。さらにセミAT仕様の360モデナF1は、電子制御のスロットル、ドライブ・バイ・ワイアと組み合わせたF1譲りのシステムを採用し、シフトダウン時に自動的にブリッピングまでこなす。もちろん、ガラス越しに見えるエンジンや、古い250LMを模したリアフェンダー上のエアスクープなどによって、視覚的な情緒に訴えることも忘れていない。

エンジン形式：90度V型8気筒　DOHC　ミドシップ縦置　排気量：3586cc　最高出力：400ps/8500rpm　最大トルク：38mkg/4750rpm
最高速度：295km/h　0－100km/h：4.5秒　0－400m：12.6秒　全長×全幅×全高：4477×1922×1214mm　ホイールベース：2600mm　トレッド前/後：1670/1615mm　車重：1290kg

1973 Fiat X1/9
フィアットX1/9

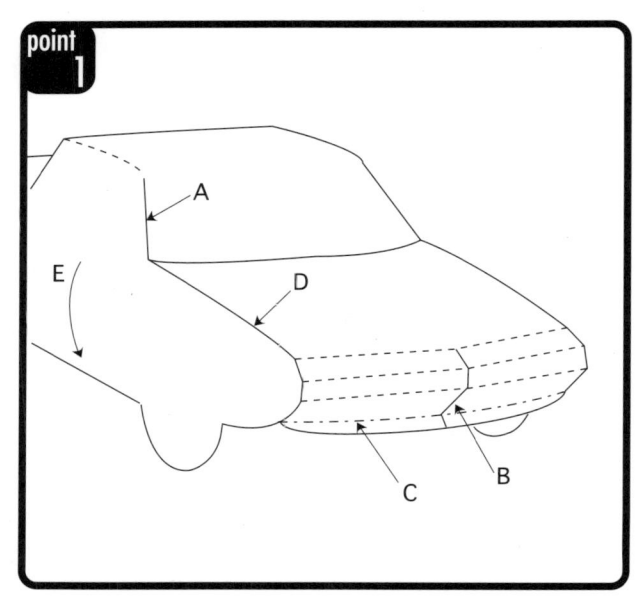

P.45 の作り方

point 1

A. フロントウィンドーに丸みをつけてから、ここを軽く山折りして接着します。
B. 点線で山折りして、特徴的なノーズを形作り、ここで接着します。
C. 谷折りして、小さなフロントエアダムを表現します。
D. 山折りして、ベルトーネのシャープなラインを。
E. サイドは丸くふくらませます。

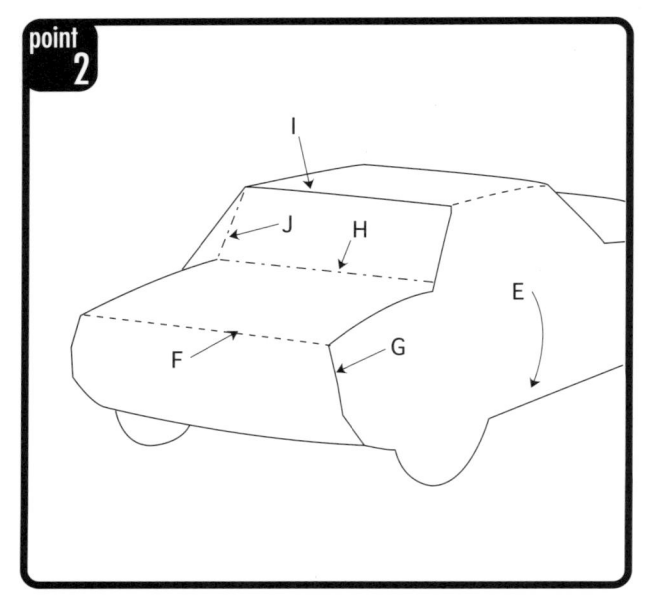

point 2

F. 山折りします。
G. ここも山折りして、接着します。
H. 谷折りし、奥に入ったリアウィンドーを表現します。
I. 山折りしてタルガルーフへ接着します。
J. 谷折りして裏側にのりを付け、ピラーに接着します。

海辺のオープン

X1/9のルーフをはずし、風を入れて走り出す。
もう夏の火照った空気もさめはじめた夕暮れ、ちょっと海まで足をのばしてみよう。
あの岬を越えたら、夕日が海に消えるのが見られるはず。
クルマを止め、砂浜に素足で歩き出す。
たった1.3リッターでも、気持ちよさではスーパーカーなんだ。
ちょっとクルマを振り返ってみた。

真の万人向けミドシップ・スポーツ、フィアトX1/9は1972年にデビューした。ランボルギーニ・ミウラ以前から、ロータスや、マートラなどの普及型ミドシップは世に出ていたが、大衆車を作る大メーカーがミドシップ・エンジン車を量産したのは、このX1/9が初めてのことだった。前輪駆動に関して、当時、世界の最先端を行っていたフィアットは、同社のダンテ・ジアコーザが発明したエンジンとギアボックスを横に並べて置くユニットをそのまま後ろに移して、ミドシップ・エンジン・スポーツカーを作り上げた。スーパーカー専門のメーカーと違い、実用性も考慮した設計はフィアットの面目躍如。全長3900mmしかない中で、リアとフロントに見事にトランクスペースを設けている。わずか1.3リッター、75psのエンジンはアンダーパワーと嘆かれたが、そのスポーティーなハンドリングは絶賛され、普通の人でもミドシップの特性を存分に楽しむことができた。ウェッジシェイプのモダンなスタイリングはベルトーネが担当。アバルトの手によりレースバージョンも製作されたが、大衆車フィアットの宣伝にはならないと、もっぱら街乗り用のモデルだけが作られた。後にパワーアップも果たし、1982年からはベルトーネ・ブランドで販売され、1989年まで作られるベストセラーとなった。

エンジン形式：直列4気筒　SCHC　ミドシップ横置　排気量：1290cc　最高出力：75ps/6600rpm　最大トルク：9.9mkg/3400rpm
最高速度：170km/h　0-100km/h：13.8秒　全長×全幅×全高：3830×1570×1170mm　ホイールベース：2200mm　トレッド前/後：1335/1345mm　車重：880kg

1997 Renault Sport Spider

P.47の作り方

ルノースポール・スパイダー

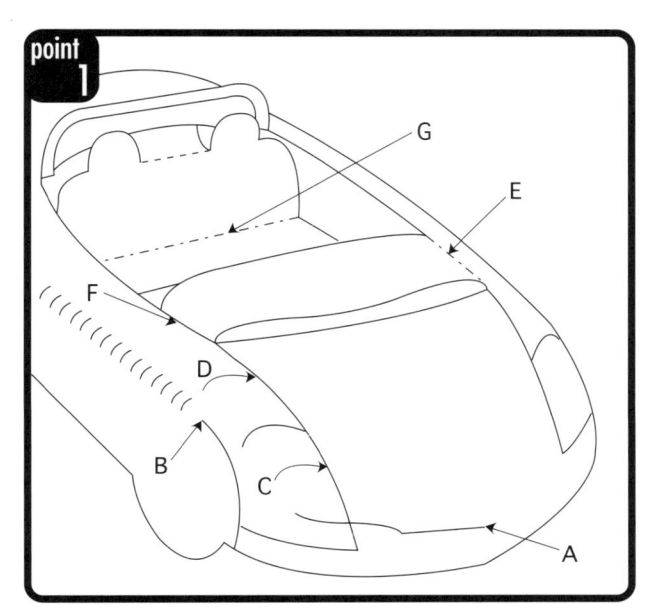

point 1

A. ここまで切り込みを入れ、ノーズをとがらせます。
B. ここまで切り込みを入れ、フェンダーを丸めます。
C. ライトを丸め、フードにつながるように。
D. フェンダーを丸め、フードにつながるように。
E. 谷折りし、エアロスクリーンをふくらませます。
F. 谷折りして接着します。
G. シートを谷折りし、床へ接着します。

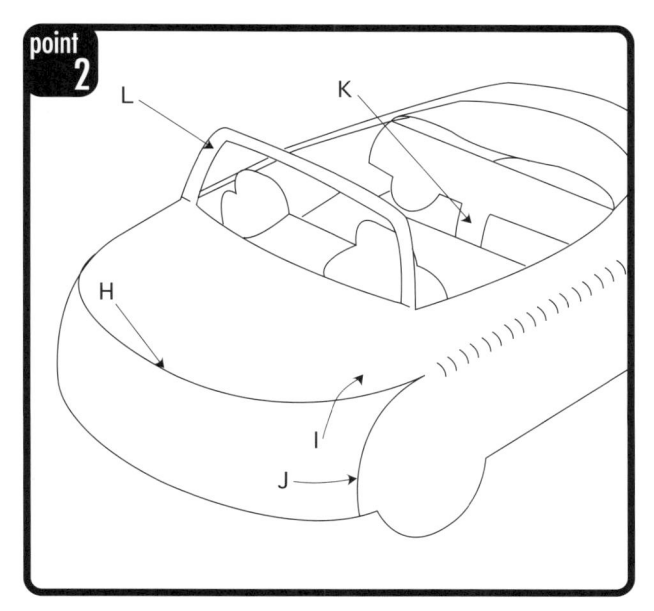

point 2

H. 山折りして、エンジンフードの裏に接着します。
I. ここはなめらかにつながるように。
J. ここはきっちりと山折りします。
K. 床からダッシュボードを折り返して、シートの前に接着します。
L. 内側をくりぬいておいたロールバーを、谷折りして立たせます。

フレンチロケット

アルピーヌの生まれ故郷、ディエップで作られたルノー・スパイダー。
虫のようなルックスは、空を飛ぶ小さなフレンチロケット。
いくつものコーナーを抜けて、
太陽の降りそそぐ南フランスへ矢のように突き進んでいく。
窓も屋根もヒーターもないクルマを考え出してしまう
ルノースポールのクルマ好きに、尊敬と軽い嫉妬を感じながら。

ルノースポール・スパイダーは、1996年に路上に姿を現した。大メーカーの市販モデルとしては特異な成り立ちをもつスポーツカーで、F1をはじめ、ルノーのモータースポーツ部門を取り仕切るルノースポールの名を冠し、ワンメイクレース用のマシンとして企画された。パトリック・ルケモン率いるルノーのデザインチームが未来的なFRPボディ外皮をデザイン。シャシーはノルウェーのハイドロ・アルミニウム社によるアルミ溶接フレームを採用した。エンジンはメガーヌ16Vなどから流用した4気筒16バルブを、ギアボックスごとリアに横置きに搭載。180ps、21mkgのレースバージョンに対し、ロードバージョンは150psと比較的おとなしい。しかしボールジョイント・マウントのダブルウイッシュボーンを持つシャシーは、フォーミュラマシンそのもののダイレクトな操縦感覚を実現。それだけにオープンボディと割り切って、ウィンドスクリーンを持つモデルも別途作られたが、オリジナルは平らなエアロスクリーンを装備する。緊急用にもフードは存在せず、アルミフレームむき出しのコクピットは、雨天にはなんと床下からも水が侵入するほどだ。極力コストダウンに徹して、ブレーキも生産が終わったアルピーヌA610のものを流用。その結果、これだけ凝ったクルマながら、わずか約20万フランで販売された。

エンジン形式：直列4気筒　DOHC　ミドシップ横置　排気量：1998cc　最高出力：150ps／6000rpm　最大トルク：19.0mkg／4500rpm
最高速度：215km/h　0−100km/h：6.9秒　0−400m：14.2秒　全長×全幅×全高：3795×1830×1250mm　ホイールベース：2343mm　トレッド前／後：1536／1543mm　車重：930kg

P.49の作り方 1995 Lancia Delta HF Integrale Collezione
ランチア・デルタHFインテグラーレ・コレッツィオーネ

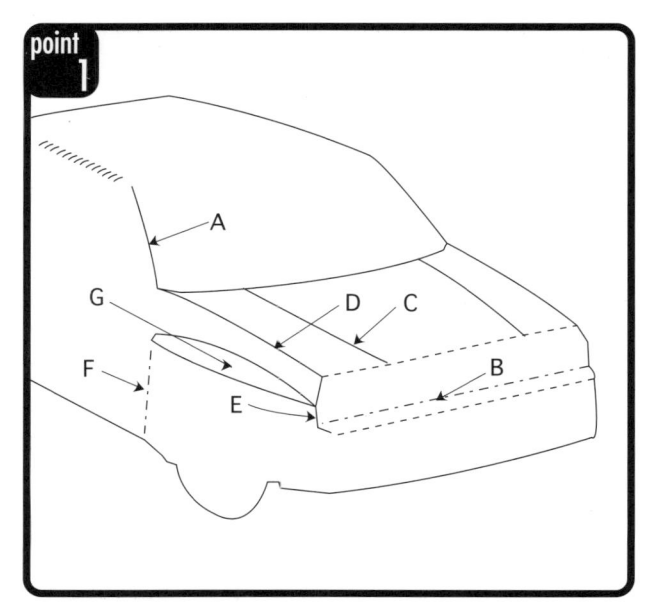

point 1

A. ウィンドーに丸みをつけ、軽く山折りして接着します。
B. 谷折りして、バンパーの段差を表現します。
C. ここのラインを合わせて接着します。
D. 山折りして、エッジを出します。
E. 山折りして、フェンダーがふくらむように接着します。
F. 軽く谷折りします。
G. ボディ側を谷折り、ホイール側を山折りして接着します。

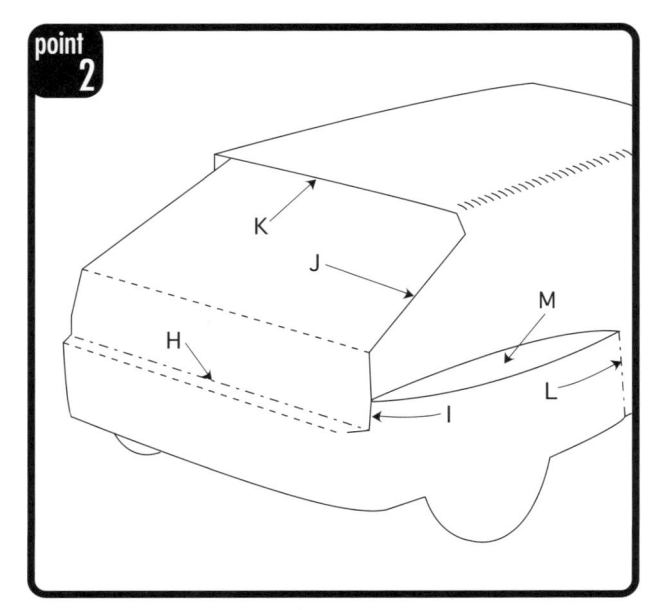

point 2

H. 谷折りして、バンパーの段差を表現します。
I. 山折りして、フェンダーがふくらむように接着します。
J. 山折りして接着します。
K. リアスポイラーの奥に入るように接着します。
L. 軽く谷折りします。
M. ボディ側を谷折り、ホイール側を山折りし接着します。ドアのラインがそろうようにします。

峠を走る

昨日の夜から、雪が降り始めた。

今ごろ、積雪はどれくらいだろう。

ガレージに行き、インテグラーレに乗り込み山道をめざす。

目に浮かぶ映像は、モンテのスペシャルステージを斜めになって駆けぬけるインテグラーレ。

頭の中で、観客達が歓声を上げている。

カンクネン、オリオール、ビアシオン……ランチア使いたちの名前が頭をよぎった。

WRC（世界ラリー選手権）を戦うために誕生したデルタ・インテグラーレは、5000台生産義務があるグループAのホモロゲーション・モデルである。ベースのデルタは、ジウジアーロがデザインしたごく平凡な前輪駆動だが、インテグラーレにはラリーで勝つのに必要なモディファイが盛りまれている。1987年以来ランチアは、メイクスチャンピオンを実に6年連続で獲得。しかし戦闘力を上げるライバル相手に勝ち続けるのは容易でなかった。最初のデルタHF 4WDから、HFインテグラーレ、HFインテグラーレ16Vと進化を繰り返し、1991年、最終進化バージョンのHFインテグラーレが誕生する。この最終デルタではサスペンション・ストロークを延長するため、ブリスターフェンダーを大型化し、全幅を1770mmまで拡大。そして冷却性能を上げるための全面風穴だらけのフロントマスクが周囲を威圧する。全てはこけおどしでないのが泣かせるところ。スーパーカーと呼ぶには少し安価だが、フェラーリがレースで勝てなかった当時、イタリアの栄光を一身に背負ったデルタは、マニアには特別な存在だ。1993年に若干パワーアップしたエボルツィオーネⅡが登場、さらに最終ロットの250台は日本向けとされ、60年代のランチア・ワークスカラーに塗られて、コレッツィオーネと呼ばれた。

エンジン形式：直列4気筒　DOHC　ターボ　フロント横置　排気量：1995cc　最高出力：215ps／5750rpm　最大トルク：32.0mkg／2500rpm
最高速度：220km/h　0－100km/h：5.7秒　全長×全幅×全高：3900×1770×1360mm　ホイールベース：2480mm　トレッド前／後：1500／1500mm　車重：1350kg

2000 Clio Renault Sport V6

P.51 の作り方

クリオ・ルノースポールV6

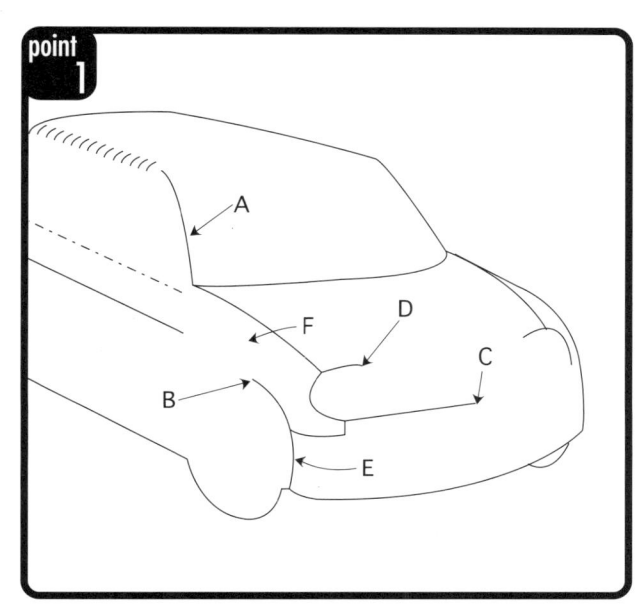

point 1

A. ウィンドーに丸みをつけ、のりしろは軽く折り目を入れて接着します。
B. ここまで切り込みを入れ、フェンダーに丸みを。
C. 切り込みを入れ、クリオのとがったノーズに。
D. 切り込みを入れてライトに丸みをつけます。
E. バンパーは丸くサイドへつながります。
F. ボンネットからフェンダーへ面がつながるように。

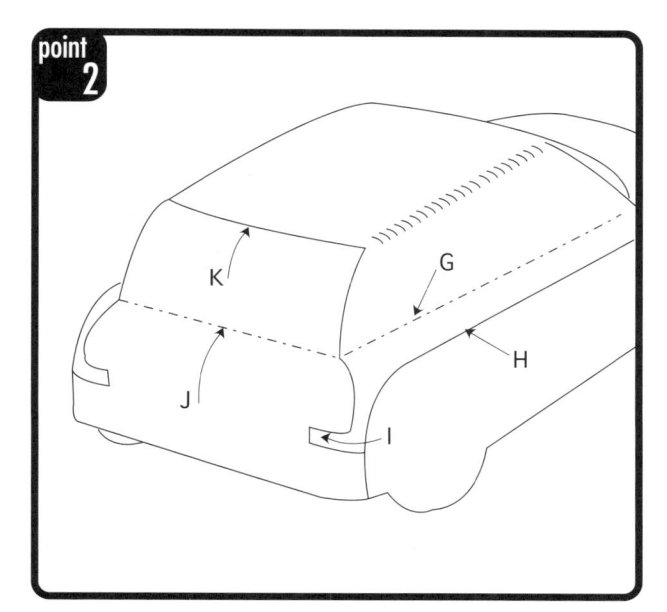

point 2

G. 谷折り。
H. きっちり山折りし、張り出したサイドを表現します。
I. リアパネルへ、丸く面がつながるようにします。
J. リアパネルにボリュームをつけて、ここのラインを谷折りします。
K. クリオの特徴である、湾曲したリアウィンドーをルーフへ接着します。ルーフエンドにスポイラーがあります。

おそい朝ごはんを

あのサンクターボのようにミドシップに押し込んだのは、
3リッターのV6エンジン！
そんなクリオV6で、ちょっと遅い朝ごはんを食べにカフェに乗りつけたい。
クロワッサンとカフェ・オ・レをたのんでなごむ日曜日。
早起きしてひと走りしてきた、
まだエンジンがチリチリと言っているクルマをながめながら。

大メーカーが作る、クリオ・ルノースポールV6は、フランス産のユニークなスーパーカーだ。スパイダーに代わるルノーのワンメイクレース用マシンとして企画され、1999年からヨーロッパ各地のサーキットを転戦するワンメイクレースが開催されている。ロードバージョンは2000年末から生産を開始した。ルノーは伝統的に市販モデルをベースに競技用スペシャルを作るのが得意で、クリオV6はその最新版である。初代サンクをベースにラリー用に作られた有名なサンク・ターボと同じ手法で、V6エンジンをミドシップに搭載。前輪駆動車であるノーマル・クリオのモダンで独特なモノコック・ボディを使用しながら、樹脂製の大型のフェンダーやスポイラー等で大胆に武装する。またリア・サスペンションはノーマルと全く違うダブルウィッシュボーンを採用している。同社の中型セダン、ラグナから移植した3リッターV6は、ドグクラッチと組み合わせられるレースバージョンでは285ps、ロードバージョンでも230psを発生する。レースバージョンはかつてのアルピーヌの本拠地ディエップで、ロードバージョンはレースでも有名なイギリスのTWRで組み立てられる。なによりコストダウンに主眼が置かれ、24万フランという低価格を実現している。

エンジン形式：60度V型6気筒　DOHC　ミドシップ横置　排気量：2946cc　最高出力：230ps／6000rpm　最大トルク：30.6mkg／3750rpm
最高速度：235km/h　0-100km/h：6.4秒　0-400m：14.5秒　全長×全幅×全高：3803×1810×1365mm　ホイールベース：2510mm　トレッド前／後：1502／1510mm　車重：1340kg

PAPER SUPER CARS

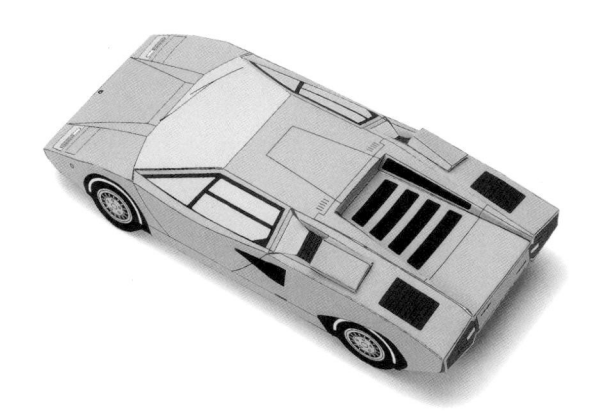

紙のスーパーカー

2001年3月15日 初版第一刷発行

著者
溝呂木 陽

発行者
渡邊隆男

発行所
株式会社 二玄社
〒101-8419 東京都千代田区神田神保町2-2

営業部
〒113-0021 東京都文京区本駒込6-2-1

電話
03-5395-0511

印刷・製本
図書印刷株式会社

©Mizorogi Akira 2001 Printed in Japan
ISBN4-544-04337-9 C0076

R 《日本複写権センター委託出版物》
本書の全部または一部を無断で複写複製することは、著作権法上での例外を除き、禁じられています。本書からの複写を希望される場合は、日本複写権センター（03-3401-2382）にご連絡ください。